**I GRANDI**
BEST
1

# Kahlil Gibran

# IL PROFETA

## IL GIARDINO DEL PROFETA

BOMPIANI

Titoli originali
THE PROPHET
THE GARDEN OF THE PROPHET

Traduzione di
VALENTINA COLOMBO

ISBN 88-452-1526-1


Via Mecenate 91 - Milano

IX edizione "I Grandi Tascabili" febbraio 1996

# INTRODUZIONE

Pur nella sua forte e a tratti esasperata singolarità, la vicenda umana e artistica di Gibran si inserisce nel più ampio processo di rinnovamento che ha interessato le regioni del vicino Oriente a partire dalla metà del secolo scorso. Come tutte le grandi rivoluzioni, anche la *Nàhdah* – il Risorgimento arabo – ha avuto tra le sue componenti essenziali l'evoluzione linguistica e dei generi letterari che si proponeva due obiettivi apparentemente antitetici, ma in realtà complementari: reperire nel patrimonio tradizionale i caratteri essenziali della propria identità culturale e aprirsi nello stesso tempo agli stimoli e alle provocazioni di una realtà in rapida trasformazione, fortemente influenzata dai modelli della cultura europea. Questo problema ancora irrisolto è alla radice di molte delle tensioni che tuttora travagliano il mondo arabo, risulta pertanto di grande interesse avvicinare le opere di quanti lo hanno vissuto e affrontato per primi.

Accanto all'Egitto l'area siro-libanese ha dato in questa direzione un contributo di uomini e di idee inestimabile, reso ancor più prezioso e drammaticamente nobile dalle persecuzioni dello sclerotico e illiberale regime ottomano, dal quale la Valle del Nilo si era invece recentemente affrancata. Il contatto con la cultura occidentale, che pure non sarà privo di problemi e conflitti destinati ad esplodere nell'epoca coloniale, viveva in quei giorni ancora la sua prima en-

tusiastica fase e dava i suoi frutti migliori proprio in quelle regioni e principalmente nel campo della scienza e dell'arte.

A testimonianza e conferma di quanto lingua e letteratura siano state uno dei campi privilegiati di ricerca e di studio di un'intera generazione di intellettuali siro-libanesi basterà qui ricordare i nomi del poligrafo e lessicografo Bùtrus al-Bustàni, di Giurgi Zaydàn al quale si deve la prima opera di linguistica moderna composta in arabo e dei fratelli Taqlà, anch'essi originari di questa terra, che sul finire del secolo scorso fondarono al Cairo il glorioso *al-Ahràm*.

La molteplicità degli interessi e la formazione plurilinguistica e pluriculturale non è quindi caratteristica esclusiva di Gibran, ma un tratto distintivo di molti suoi compagni di cammino: Mikhail Nuayma, suo fraterno amico e biografo, grazie al rapporto privilegiato che univa la Chiesa ortodossa libanese alla Russia, poté attingere anche alla tradizione slava oltre che a quelle araba ed anglosassone e ancor oggi spesso gli spiriti più rappresentativi della cultura araba mediorientale e maghrebina mantengono una simile pluralità di radici e ne fanno tesoro.

Gibran Khalil Gibran (nome in seguito abbreviato e modificato in Kahlil Gibran) nasce a Bisharri, in Libano, nel 1883, in una famiglia di modeste condizioni.

Fin dall'infanzia rivela un carattere indipendente e notevole abilità nel disegno.

Nel 1894 la madre Kamilah coi quattro figli si trasferisce a Boston dove il primogenito, Bùtrus, si dedica al commercio, mentre il giovane Khalil è ancora studente.

Sempre agli studi, ma questa volta nella sua terra e nella lingua d'origine, Khalil si applica in una scuola maronita dal 1898 al 1901.

Gli anni successivi sono densi di avvenimenti che segnano profondamente la sua esistenza: diversi viaggi e la tragica scomparsa, in un breve lasso di tempo, di una sorella, del

fratello e della madre.

Nel 1905 pubblica il suo primo libro: *al-Musiqah*, un saggio in arabo sulla musica.

Nel frattempo stringe la duratura amicizia con Mary Haskell che lo assisterà nella stesura e nella pubblicazione delle sue opere. È grazie a lei che potrà soggiornare a lungo a Parigi, dove subirà l'influsso del simbolismo europeo.

Tornato negli Stati Uniti, dal 1911 vive e lavora a New York dedicandosi alla pittura e alla letteratura, interessi che condivide con altri artisti arabi qui emigrati, destinati in varia misura a dare un contributo al rinnovamento culturale dei loro paesi d'origine.

Fino a questo momento la sua produzione letteraria è stata quasi esclusivamente in arabo: *al-Agnihah al-Mutakassira* (Ali spezzate, 1912); *Dam'ah wa-btisàmah* (Una lacrima e un sorriso, 1914); *al-Mawàkib* (Le processioni, 1919) ed altre raccolte di racconti di ambiente orientale, dove spiriti semplici e puri si oppongono alla sopraffazione del potere politico e delle istituzioni religiose.

Ma già mentre queste opere vengono date alle stampe l'evoluzione umana e artistica di Gibran compie la svolta decisiva: egli acconsente alla loro pubblicazione avvertendo però che il loro giovane autore è ormai scomparso per lasciare il posto all'uomo maturo.

Si inaugura infatti la lunga serie di opere in inglese per le quali è universalmente conosciuto: *The Madman* (1918), *The Forerunner* (1920), *The Prophet* (1923), *Sand and Foam* (1926), *Jesus the Son of Man* (1928), *The Earth Gods* (1931) e infine *The Garden of the Prophet* (1933), pubblicato a cura della sua ammiratrice e biografa Barbara Young dopo la sua morte, avvenuta a New York nel 1931.

Mutuato dal suo ambiente d'origine, anche se vissuto e reso in modo personalissimo, il motivo dominante di queste sue ultime opere è il rapporto tra *verità* e *rivelazione* o *ispirazione*, termini questi due ultimi analoghi agli albori della

letteratura araba, anche se successivamente distinti se non addirittura posti in antitesi.

Le fedi e le culture che nelle terre del vicino Oriente convivono, influenzandosi reciprocamente più che opponendosi le une alle altre, hanno come figura centrale e paradigmatica della condizione umana quella di uno spirito privilegiato – Maestro, Profeta o Messia – depositario di una sapienza che lo trascende e che si esprime come messaggio universale.

Ma, mentre le religioni istituzionalizzate fanno dell'esperienza dei loro fondatori qualcosa di irripetibile e di remoto, congelandola nella reverenza devozionale, Gibran, che già aveva rivelato ampiamente la sua insofferenza verso questo atteggiamento nella sua prima produzione in lingua araba, si muove ora proprio nella direzione opposta.

Nel corso degli anni le sue varie esperienze umane ed artistiche hanno concorso a precisare nella sua consapevolezza e ad affinare nell'espressione una concezione dell'arte totalizzante.

La formazione cristiana ricevuta in famiglia, il successivo approfondimento della conoscenza delle Scritture e delle potenzialità espressive della lingua araba, la lettura di Blake e di Nietzsche, la frequentazione degli altri esponenti della letteratura "siro-americana" coi quali nel 1920 fonda un Circolo di cui sarà eletto presidente, sono altrettante tappe di una faticosa ricerca che attinge da differenti tradizioni, che fatica a reperire un adeguato strumento espressivo, che tenta i registri di differenti stili e che spazia nelle diverse arti per dare il suo frutto migliore nell'opera che qui presentiamo.

*Il Profeta* rappresenta il momento conclusivo del percorso che abbiamo abbozzato, la sintesi di un'esperienza che felicemente e compiutamente si esprime.

Se il suo stile sapienziale deve sicuramente molto alla suggestione delle letture bibliche, così come le immagini cui spesso ricorre rivelano la sua sensibilità di pittore, non è

possibile ricondurre il suo messaggio a un credo definito.

Nelle meditazioni che il protagonista offre ai suoi prima di lasciarli, Gibran mantiene intenzionalmente l'ambiguità e la contraddittorietà proprie delle cose umane e se possibile le esaspera in una serie di accostamenti dove ogni cosa si ostina ad essere segno di un'altra e dove gli opposti sembrano convivere solidalmente anziché negarsi a vicenda. Il rovesciamento della logica comune non è lontano da quello di molte parabole evangeliche, l'unità del creato spesso evocata è la stessa che troviamo nei poemi dei mistici musulmani, la metempsicosi non è diversa da quella dell'esoterismo dei Drusi, ma *Il Profeta* presenta ormai tutto questo perfettamente fuso e amalgamato in un personalissimo e armonioso affresco.

Anche se pubblicato in seguito *Il Giardino del Profeta* è piuttosto utile a rintracciare separatamente le singole componenti cui abbiamo accennato, appunto perché qui non perfettamente unite, e risulta quindi felice l'accostamento delle due opere nella presente edizione.

Anche qui, come già nel *Profeta*, la saggezza, che pure trascende colui che l'annuncia agli altri ("Troppo giovane sono e troppo inesperto per parlare d'altro che di me stesso") è nelle cose ("nel ranuncolo o in una manciata d'argilla rossa") e non in Dio, almeno non in quello che si pretende di poter definire ("Troppo spesso cantate Dio, l'Infinito, e in realtà non udite il vostro canto") e in pratica si elude ("vi esorto a non parlare così liberamente di Dio, che è il vostro Tutto, ma piuttosto a parlarvi e a comprendervi a vicenda, vicino con vicino, dio con dio").

L'incapacità di comprendere sembra fatalmente legata alla limitatezza dell'esperienza umana ("Prendi una manciata di buona terra. Vi trovi un seme, o forse un verme? Se la tua mano fosse abbastanza grande e abbastanza durevole, il seme potrebbe divenire una foresta, e il verme uno stuolo di angeli"), quella stessa limitatezza con cui le pagine del *Pro-*

*feta* ci avevano riconciliato e alle quali queste sembrano rimandarci.

Ancora una volta, nelle opere come nella vita di Gibran, per chi sa intendere il cerchio si chiude.

PAOLO BRANCA

# IL PROFETA

Almustafa, the chosen and the beloved, who was a dawn unto his own day, had waited twelve years in the city of Orphalese for his ship that was to return and bear him back to the isle of his birth.

And in the twelfth year, on the seventh day of Ielool, the month of reaping, he climbed the hill without the city walls and looked seaward; and he beheld his ship coming with the mist.

Then the gates of his heart were flung open, and his joy flew far over the sea. And he closed his eyes and prayed in the silences of his soul.

But as he descended the hill, a sadness came upon him, and he thought in his heart:

How shall I go in peace and without sorrow? Nay, not without a wound in the spirit shall I leave this city.

Long were the days of pain I have spent within its walls, and long were the nights of aloneness; and who can depart from his pain and his aloneness without regret?

Too many fragments of the spirit have I scattered in these streets, and too many are the children of my longing that walk naked among these hills, and I cannot withdraw from them without a burden and an ache.

Almustafà, l'eletto e l'amato, che era all'alba del suo giorno, aveva atteso dodici anni nella città di Orphalese il ritorno della nave che doveva ricondurlo all'isola natia.

E nel dodicesimo anno, il settimo giorno di Ielool, il mese del raccolto, salì sulla collina fuori dalle mura della città e volse lo sguardo verso il mare; e fra la nebbia leggera vide avanzare la sua nave.

Allora i cancelli del suo cuore si spalancarono, e la sua gioia se ne volò al largo. Chiuse gli occhi e nei silenzi della sua anima pregò.

Ma mentre scendeva dalla collina, la tristezza lo prese, ed egli nel suo intimo pensò:

Come potrò andarmene in serenità e senza dolore? No, non senza una ferita nell'anima lascerò questa città.

Lunghi sono stati i giorni di tormento che ho consumato dentro le sue mura e lunghe sono state le notti di solitudine; e chi mai può dipartirsi dal proprio tormento e dalla propria solitudine senza rimpianto?

Troppi frammenti d'anima ho disseminato su queste strade, troppi figli del mio desiderio camminano nudi tra queste colline e non posso allontanarmene senza pena e dolore.

It is not a garment I cast off this day, but a skin that I tear with my own hands.

Nor is it a thought I leave behind me, but a heart made sweet with hunger and with thirst.

Yet I cannot tarry longer.

The sea that calls all things unto her calls me, and I must embark.

For to stay, though the hours burn in the night, is to freeze and crystallize and be bound in a mould.

Fain would I take with me all that is here.

But how shall I?

A voice cannot carry the tongue and the lips that gave it wings. Alone must it seek the ether.

And alone and without his nest shall the eagle fly across the sun.

Now when he reached the foot of the hill, he turned again towards the sea, and he saw his ship approaching the harbour, and upon her prow the mariners, the men of his own land.

And his soul cried out to them, and he said:

Sons of my ancient mother, you riders of the tides,

How often have you sailed in my dreams. And now you come in my awakening, which is my deeper dream.

Ready am I to go, and my eagerness with sails full set awaits the wind.

Only another breath will I breathe in this still air, only another loving look cast backward,

And then I shall stand among you, a seafarer among seafarers.

And you, vast sea, sleeping mother,

Non è un abito quello che oggi abbandono, ma una pelle che con le mie stesse mani strappo via da me.

E non è nemmeno un pensiero quello che mi lascio alle spalle, ma un cuore fatto dolce dalla fame e dalla sete.

Tuttavia non è più tempo d'indugi.

Il mare che chiama a sé tutte le cose, ora rivolge a me il suo richiamo ed io devo imbarcarmi.

Poiché rimanere, quantunque le ore della notte brucino, è come congelarsi e cristallizzarsi ed essere serrato in uno stampo.

Volentieri porterei con me tutto ciò che è qui. Ma come potrò?

Una voce non può portare con sé la lingua e le labbra che le diedero le ali. Da sola deve cercare di raggiungere la volta celeste.

E sola e senza nido l'aquila volerà attraverso il sole.

Giunto ai piedi della collina si voltò nuovamente verso il mare e vide la sua nave avvicinarsi al porto e, sulla prua, i marinai, gli uomini della sua terra.

La sua anima gridò loro ed egli disse:

Figli della mia antica madre, cavalieri delle maree,

Quante volte nei miei sogni avete veleggiato. Ed ora giungete al mio risveglio, che è il mio sogno più profondo.

Sono pronto per partire e la mia bramosia attende a vele spiegate il levarsi del vento.

Respirerò ancora un'altra boccata di quest'aria quieta, e getterò indietro ancora un altro affettuoso sguardo.

Poi sarò con voi, marinaio tra marinai.

E tu, immenso mare, madre insonne,

Who alone are peace and freedom to the river and the stream,
Only another winding will this stream make, only another murmur in this glade,
And then I shall come to you, a boundless drop to a boundless ocean.

And as he walked he saw from afar men and women leaving their fields and their vineyards and hastening towards the city gates.
And he heard their voices calling his name, and shouting from field to field telling one another of the coming of his ship.

And he said to himself:
Shall the day of parting be the day of gathering?
And shall it be said that my eve was in truth my dawn?
And what shall I give unto him who has left his plough in midfurrow, or to him who has stopped the wheel of his winepress?
Shall my heart become a tree heavy-laden with fruit that I may gather and give unto them?
And shall my desires flow like a fountain that I may fill their cups?
Am I a harp that the hand of the mighty may touch me, or a flute that his breath may pass through me?
A seeker of silences am I, and what treasure have I found in silences that I may dispense with confidence?
If this is my day of harvest, in what fields have I sowed the seed, and in what unremembered seasons?
If this indeed be the hour in which I lift up my lantern, it is not my flame that shall burn therein.
Empty and dark shall I raise my lantern,
And the guardian of the night shall fill it with oil and he

Che sola sei pace e liberazione per il fiume ed il torrente,

Nella tua immensità questo torrente traccerà ancora un'altra svolta ed emetterà ancora un altro mormorio.

Poi verrò da te, goccia infinita in un oceano infinito.

E mentre camminava vide in lontananza uomini e donne, che lasciavano i campi e le vigne e si affrettavano verso le porte della città.

Udì delle voci che pronunciavano il suo nome ed urlavano da campo a campo, comunicandosi l'un l'altro l'arrivo della sua nave.

Ed egli fra sé e sé disse:

Forse che il giorno della separazione sarà il giorno della riunione?

Diranno forse che il mio tramonto fu invero la mia alba?

E cosa potrò mai offrire a colui che ha lasciato l'aratro a metà del solco o a colui che ha fermato la ruota del torchio?

Forse che il mio cuore potrà trasformarsi in un albero ricolmo di frutti pronti da cogliere e da donare loro?

Forse che i miei desideri fluiranno come una sorgente tanto da poter colmare i loro calici?

Forse che io sono come un'arpa che la mano del potente possa toccare o come un flauto il cui fiato possa attraversarmi?

Amo calarmi nei silenzi, ma quale tesoro ho mai trovato nei silenzi che io possa fiduciosamente elargire loro?

Se questo è il giorno del mio raccolto, in quali campi ho mai sparso il seme ed in quali non più ricordate stagioni?

Se questa è l'ora in cui alzerò la mia lanterna, non sarà la mia fiamma quella che brucerà all'interno.

Buia e vuota alzerò la mia lanterna:

Ed il custode della notte la riempirà d'olio e lui stesso l'accenderà.

shall light it also.

These things he said in words. But much in his heart remained unsaid. For he himself could not speak his deeper secret.

And when he entered into the city all the people came to meet him, and they were crying out to him as with one voice.

And the elders of the city stood forth and said:

Go not yet away from us.

A noontide have you been in our twilight, and your youth has given us dreams to dream.

No stranger are you among us, nor a guest, but our son and our dearly beloved.

Suffer not yet our eyes to hunger for your face.

And the priests and the priestesses said unto him:

Let not the waves of the sea separate us now, and the years you have spent in our midst become a memory.

You have walked among us a spirit, and your shadow has been a light upon our faces.

Much have we loved you. But speechless was our love, and with veils has it been veiled.

Yet now it cries aloud unto you, and would stand revealed before you.

And ever has it been that love knows not its own depth until the hour of separation.

And others came also and entreated him. But he answered them not. He only bent his head; and those who stood near saw his tears falling upon his breast.

And he and the people proceeded towards the great square before the temple.

Queste cose le disse a parole. Ma nel suo cuore molto rimase di taciuto. Perché nemmeno lui era capace di tirar fuori tutto il suo intimo segreto.

Quando entrò nella città tutto il popolo gli si fece incontro ed in coro lo acclamò.

E gli anziani della città si fecero avanti e dissero:

Non andartene già via da noi.

Sei stato un meriggio nel nostro crepuscolo e la tua giovinezza ci ha dato sogni da sognare.

Non sei straniero fra noi, né ospite, bensì figlio e beneamato.

Non fare in modo che i nostri occhi abbiamo già a struggersi alla ricerca del tuo viso.

Ed i sacerdoti e le sacerdotesse gli dissero:

Non fare in modo che le onde del mare ci abbiano ora a separare e che gli anni che hai trascorso in mezzo a noi abbiano a diventare un mero ricordo.

Come uno spirito hai camminato fra di noi e la tua ombra è stata come una luce sui nostri volti.

Molto ti abbiamo amato. Ma l'amore nostro era senza voce e celato da veli.

Ora, invece, esso grida forte e vorrebbe rivelarsi a te.

Infatti da sempre l'amore non riconosce la propria intensità se non nell'ora del distacco.

Altri ancora giunsero e lo implorarono. Ma egli non diede loro risposta. Chinò solo il capo; e coloro che gli erano più vicini notarono lacrime cadergli sul petto.

Ed assieme al popolo procedette verso la grande piazza prospiciente il tempio.

And there came out of the sanctuary a woman whose name was Almitra. And she was a seeress.

And he looked upon her with exceeding tenderness, for it was she who had first sought and believed in him when he had been but a day in their city.

And she hailed him, saying:

Prophet of God, in quest of the uttermost, long have you searched the distances for your ship.

And now your ship has come, and you must needs go.

Deep in your longing for the land of your memories and the dwelling-place of your greater desires; and our love would not bind you nor our needs hold you.

Yet this we ask ere you leave us, that you speak to us and give us of your truth.

And we will give it unto our children, and they unto their children, and it shall not perish.

In your aloneness you have watched with our days, and in your wakefulness you have listened to the weeping and the laughter of our sleep.

Now therefore disclose us to ourselves, and tell us all that has been shown you of that which is between birth and death.

And he answered:

People of Orphalese, of what can I speak save of that which is even now moving within your souls?

Then said Almitra, Speak to us of Love.

And he raised his head and looked upon the people, and there fell a stillness upon them. And with a great voice he said:

When love beckons to you, follow him,
Though his ways are hard and steep.

Ed ecco che dal tempio esce una donna di nome Almitra. Era una veggente.

Ed egli la guardò con una estrema tenerezza, poiché era lei che per prima lo aveva cercato e creduto in lui dopo un solo giorno da che era in città.

Lo salutò dicendo:

Profeta di Dio, che sei in cerca dell'assoluto, a lungo in attesa della tua nave hai scrutato l'orizzonte.

Ed ora la tua nave è qui e tu devi assolutamente andartene.

Profonda è in te la nostalgia per la terra dei tuoi ricordi e per la dimora dei tuoi più grandi desideri; e né ti ostacolerà il nostro amore, né le nostre necessità ti tratterranno.

Questo tuttavia ti chiediamo prima che tu abbia a lasciarci: parlaci e trasmettici la tua verità.

E noi la trasmetteremo ai nostri figli e questi ai loro, così che essa non morirà.

Nella tua solitudine hai vegliato con i nostri giorni e nelle tue veglie notturne hai udito i pianti e le risa dei nostri sonni.

Or dunque rivela noi a noi stessi e dicci tutto quello che ti è stato mostrato di ciò che è tra la nascita e la morte.

Ed egli rispose:

Popolo di Orphalese, di che cosa posso parlare a voi se non di ciò che anche ora si agita nei vostri cuori?

Allora Almitra disse: Parlaci dell'Amore.

Egli levò il capo e guardò il popolo e poi su di loro scese un silenzio profondo. Ed egli a gran voce disse:

Quando l'amore vi fa cenno, seguitelo,  
Benché le sue vie siano difficili e scoscese.

And when his wings enfold you yield to him,

Though the sword hidden among his pinions may wound you.

And when he speaks to you believe in him,

Though his voice may shatter your dreams as the north wind lays waste the garden.

For even as love crowns you so shall he crucify you. Even as he is for your growth so is he for your pruning.

Even as he ascends to your height and caresses your tenderest branches that quiver in the sun,

So shall he descend to your roots and shake them in their clinging to the earth.

Like sheaves of corn he gathers you unto himself.

He threshes you to make you naked.

He sifts you to free you from your husks.

He grinds you to whiteness.

He kneads you until you are pliant;

And then he assigns you to his sacred fire, that you may become sacred bread for God's sacred feast.

All these things shall love do unto you that you may know the secrets of your heart, and in that knowledge become a fragment of Life's heart.

But if in your fear you would seek only love's peace and love's pleasure,

Then it is better for you that you cover your nakedness and pass out of love's threshing-floor,

Into the seasonless world where you shall laugh, but not all of your laughter, and weep, but not all of your tears.

Love gives naught but itself and takes naught but from itself.

E quando le sue ali vi avvolgono, abbandonatevi a lui,
Benché la sua lama, nascosta tra le piume, può ferirvi.
E quando vi parla, abbiate fiducia in lui,
Benché la sua voce possa infrangere i vostri sogni come il vento del nord rende infruttuoso il giardino.

Poiché come vi incorona, così pure l'amore vi crocefiggerà. Come favorisce la vostra fioritura, così pure favorisce la vostra recisione.
Come sale in alto ed accarezza i vostri rami più deboli, che vibrano al sole,
Così scenderà sino alle vostre radici e le scuoterà nel loro profondo.

Vi unisce a sé come covoni di grano.
Vi batte sino a spogliarvi.
Vi passa al setaccio sino a liberare la pula.
Vi macina sino a farvi bianchi come neve.
Vi impasta sino a rendervi più arrendevoli.
Poi vi affida alla sua sacra fiamma, affinché diventiate pane sacro alla sacra mensa di Dio.
Tutte queste cose realizzerà con voi l'amore, affinché voi possiate conoscere i segreti del vostro cuore ed attraverso questa conoscenza diventare un frammento della Vita.

Ma se nell'amore per paura cercherete solo pace ed appagamento,
Allora è meglio che copriate le vostre nudità ed abbandoniate l'aia dell'amore,
Per quel mondo senza tempo ove riderete, ma non tutte le vostre risa, e piangerete, ma non tutte le vostre lacrime.

L'amore non offre altro che se stesso e non attinge ad altro che da se stesso.

Love possesses not nor would it be possessed;
For love is sufficient unto love.

When you love you should not say, "God is in my heart", but rather, "I am in the heart of God".

And think not you can direct the course of love, for love, if it finds you worthy, directs your course.

Love has no other desire but to fulfil itself.

But if you love and must needs have desires, let these be your desires:

To melt and be like a running brook that sings its melody to the night.

To know the pain of too much tenderness.

To be wounded by your own understanding of love;

And to bleed willingly and joyfully.

To wake at dawn with a winged heart and give thanks for another day of loving;

To rest at the noon hour and meditate love's ecstasy;

To return home at eventide with gratitude;

And then to sleep with a prayer for the beloved in your heart and a song of praise upon your lips.

L'amore non possiede e non vorrebbe esser posseduto;
Poiché l'amore basta a se stesso.

Quando amate non dovreste mai dire: "Il Signore è nel mio cuore", ma piuttosto: "Io sono nel cuore del Signore".
E non pensiate di potere dirigere l'amore, poiché è l'amore a dirigervi se vi ritiene degni.

Unico desiderio dell'amore è quello di realizzarsi.
Ma se voi amate e dovete avere dei desideri, fate allora che i vostri desideri siano questi:
Liquefarvi ed essere come un ruscello che canta la propria melodia alla notte, scorrendo.
Conoscere l'afflizione della troppa tenerezza.
Essere feriti dalla vostra stessa percezione dell'amore;
E sanguinare volontieri e gioiosamente.
Risvegliarvi all'alba con un cuore con le ali e ringraziare per un altro giorno d'amore;
Riposare nel meriggio e meditare sul rapimento d'amore;
Rincasare la sera colmi di gratitudine;
Poi addormentarvi con in cuore una preghiera per l'amato e sulle labbra un canto di lode.

Then Almitra spoke again and said, And what of Marriage, master?

And he answered saying:

You were born together, and together you shall be for evermore.

You shall be together when the white wings of death scatter your days.

Aye, you shall be together even in the silent memory of God.

But let there be spaces in your togetherness,

And let the winds of the heavens dance between you.

Love one another, but make not a bond of love:

Let it rather be a moving sea between the shores of your souls.

Fill each other's cup but drink not from one cup.

Give one another of your bread but eat not from the same loaf.

Sing and dance together and be joyous, but let each one of you be alone,

Even as the strings of a lute are alone though they quiver with the same music.

Ed Almitra parlò e disse: E cosa ci dici, maestro, del Matrimonio?

Ed egli rispose:

Insieme siete stati generati, ed insieme resterete per sempre.

Insieme resterete anche quando le bianche ali della morte porranno fine ai vostri giorni.

Sì, insieme resterete anche nella tacita memoria di Dio.

Ma fate in modo che la vostra unione sia aperta,

E che i venti del cielo possano danzare fra di voi.

Amatevi l'un l'altro, ma fate in modo che l'amore non sia un vincolo:

Fate che sia un mare, che vive fra le sponde della vostre anime.

A vicenda riempitevi il calice, ma non dissetatevi da uno solo di loro.

Procuratevi l'un l'altro il pane per nutrirvi, ma non mangiate dallo stesso pane.

Insieme cantate e danzate e siate allegri, ma fate in modo di essere sempre indipendenti l'uno dall'altro,

Come le corde del liuto pur dando vita ad una stessa musica, sono tra loro sempre indipendenti.

Give your hearts, but not into each other's keeping,
For only the hand of Life can contain your hearts.
And stand together yet not too near together:
For the pillars of the temple stand apart,
And the oak tree and the cypress grow not in each other's shadow.

Donatevi l'un l'altro i cuori, ma nessuno abbia la preminenza,

Poiché solo la mano della Vita può contenerli entrambi.

E restate uniti, ma non troppo contigui:

Poiché le colonne del tempio si elevano a distanza,

Come la quercia ed il cipresso non crescono l'una all'ombra dell'altro.

And a woman who held a babe against her bosom said, Speak to us of Children.

And he said:

Your children are not your children.

They are the sons and daughters of Life's longing for itself.

They come through you but not from you,

And though they are with you yet they belong not to you.

You may give them your love but not your thoughts,

For they have their own thoughts.

You may house their bodies but not their souls,

For their souls dwell in the house of to-morrow, which you cannot visit, not even in your dreams.

You may strive to be like them, but seek not to make them like you.

For life goes not backward nor tarries with yesterday.

You are the bows from which your children as living arrows are sent forth.

The Archer sees the mark upon the path of the infinite, and He bends you with His might that His arrows may go swift and far.

Ed una donna che si stringeva un bimbo al petto disse: Parlaci dei Figli.

Ed egli disse:

I vostri figli non sono i vostri figli.

Essi sono i figli e le figlie del desiderio che la vita ha di se stessa.

Essi arrivano grazie a voi, ma non da voi,

E sebbene siano con voi, non vi appartengono affatto.

Potete donare loro il vostro amore, ma non i vostri pensieri.

Perché essi posseggono i loro pensieri.

Potete dare una casa ai loro corpi, ma non alle loro anime,

Perché le loro anime hanno dimora nella casa del domani, che voi nemmeno in sogno potete visitare.

Potete sforzarvi di farvi simili a loro, ma non pretendete di renderli simili a voi.

Poiché la vita non va all'indietro né indugia su ciò che è stato.

Voi siete come archi da cui i vostri figli, frecce viventi, vengono scoccati.

L'Arciere vede il bersaglio in vista dell'infinito e vi tende con la Sua forza affinché le Sue frecce vadano veloci e lontane.

Let your bending in the Archer's hand be for gladness;
For even as He loves the arrow that flies, so He loves also the bow that is stable.

Fate sì che il vostro tendersi nelle mani dell'Arciere sia per la felicità;

Poiché Egli tanto ama la freccia che se ne va, quanto l'arco che se ne sta.

Then said a rich man, Speak to us of Giving.

And he answered:

You give but little when you give of your possessions.

It is when you give of yourself that you truly give.

For what are your possessions but things you keep and guard for fear you may need them to-morrow?

And to-morrow, what shall to-morrow bring to the over-prudent dog burying bones in the trackless sand as he follows the pilgrims to the holy city?

And what is fear of need but need itself?

Is not dread of thirst when your well is full, the thirst that is unquenchable?

There are those who give little of the much which they have – and they give it for recognition and their hidden desire makes their gifts unwholesome.

And there are those who have little and give it all.

These are the believers in life and the bounty of life, and their coffer is never empty.

There are those who give with joy, and that joy is their reward.

And there are those who give with pain, and that pain is their baptism.

Allora un ricco disse: Parlaci del Dare.

Ed egli rispose:

Date poco quando date dei vostri beni.

È quando donate voi stessi che date veramente.

Poiché cosa sono i vostri beni se non degli oggetti che tenete ben stretti nel timore di averne bisogno in un domani?

E domani, che cosa porterà il domani al cane troppo prudente che sotterra gli ossi nella sabbia uniforme, mentre segue i pellegrini diretti alla città santa?

E che cosa è la paura del bisogno, se non il bisogno stesso?

Forse che non è il terrore della sete, quando pieno è il pozzo, nient'altro che sete insaziabile?

Vi sono persone che donano un poco di quanto posseggono, e donano solo per avere riconoscenza sì che questo desiderio nascosto contamina le loro offerte.

E vi sono pure persone che donano tutto quel poco che posseggono.

Costoro hanno fede nella vita e nella generosità della vita, e mai vuota è la loro scarsella.

Vi sono persone che danno con gioia ed in quella gioia sta la loro ricompensa.

And there are those who give and know not pain in giving, nor do they seek joy, nor give with mindfulness of virtue;

They give as in yonder valley the myrtle breathes its fragrance into space.

Through the hands of such as these God speaks, and from behind their eye He smiles upon the earth.

It is well to give when asked, but it is better to give unasked, through understanding;

And to the open-handed the search for one who shall receive is joy greater than giving.

And is there aught you would withhold?

All you have shall some day be given;

Therefore give now, that the season of giving may be yours and not your inheritors'.

You often say, "I would give, but only to the deserving".

The trees in your orchard say not so, nor the flocks in your pasture.

They give that they may live, for to withhold is to perish.

Surely he who is worthy to receive his days and his nights, is worthy of all else from you.

And he who has deserved to drink from the ocean of life deserves to fill his cup from your little stream.

And what desert greater shall there be, than that which lies in the courage and the confidence, nay the charity, of receiving?

And who are you that men should rend their bosom and unveil their pride, that you may see their worth naked and their pride unabashed?

See first that you yourself deserve to be a giver, and an instrument of giving.

For in truth it is life that gives unto life – while you, who deem yourself a giver, are but a witness.

Vi sono persone che danno con rimpianto ed in quel rimpianto sta la loro pena.

E infine vi sono persone che danno e nel dare non provano gioia, non hanno rimpianto e non cercano merito alcuno;

Essi danno, come il mirto laggiù nella valle profonda il suo profumo nell'aria.

Dio parla per mezzo delle loro mani e sorride alla terra per mezzo dei loro occhi.

È buona cosa dare quando ci viene chiesto, ma è ancor meglio capire e dare quando nulla ci è chiesto;

E per il generoso l'andare alla ricerca di chi ha bisogno è una gioia ancor più grande del dare.

Che cosa vorreste tenere per voi?

Tutto ciò che oggi è vostro un giorno sarà di altri;

Quindi date oggi, così che il momento del dare sia vostro e non dei vostri eredi.

Spesso dite: "Vorrei dare, ma solo a chi lo meriti".

Così non ragionano gli alberi del vostro giardino e nemmeno le pecore del vostro gregge.

Danno per vivere, perché serbare significa morire.

In verità chiunque è degno di godere dei giorni e delle notti, è pure degno di qualsiasi cosa da parte vostra.

E chiunque è stato ritenuto degno di bere all'oceano della vita, merita pure di riempire il suo calice al vostro piccolo ruscello.

E che v'è di più grande rispetto alla fiducia, al coraggio anzi alla carità del ricevere?

E chi pensate voi di essere perché gli uomini vi mostrino il loro cuore e vi svelino il loro orgoglio, affinché voi possiate constatarne il puro valore e la mera imperturbabilità?

Prima di tutto cercate voi di essere degni di donare e di saper donare.

Poiché in verità è la vita che dà alla vita, e voi, che vi rite-

And you receivers – and you are all receivers – assume no weight of gratitude, lest you lay a yoke upon yourself and upon him who gives.

Rather rise together with the giver on his gifts as on wings.

For to be overmindful of your debt is to doubt his generosity who has the freehearted earth for mother, and God for father.

nete donatori, non siete altro che uno strumento.

E voi che ricevete, e tutti voi ricevete, non addossatevi il fardello della gratitudine al fine di non porre un giogo a voi stessi ed a chi vi ha beneficato.

Piuttosto volate via con il donatore e vi siano ali i suoi doni.

Infatti il preoccuparsi troppo di un debito è come mettere in dubbio la generosità, che ha come madre la terra feconda e come padre Dio.

Then an old man, a keeper of an inn, said, Speak to us of Eating and Drinking.

And he said:

Would that you could live on the fragrance of the earth, and like an air plant be sustained by the light.

But since you must kill to eat, and rob the newly born of its mother's milk to quench your thirst, let it then be an act of worship,

And let your board stand an altar on which the pure and the innocent of forest and plain are sacrificed for that which is purer and still more innocent in man.

When you kill a beast say to him in your heart,

"By the same power that slays you, I too am slain; and I too shall be consumed.

For the law that delivered you into my hand shall deliver me into a mightier hand.

Your blood and my blood is naught but the sap that feeds the tree of heaven".

And when you crush an apple with your teeth, say to it in your heart:

Allora un vecchio oste disse: Parlaci del Mangiare e del Bere.

Ed egli disse:

Vorrei che poteste vivere con gli umori della terra e crescere come un rampicante con la luce.

Ma siccome per nutrirvi dovete uccidere e per placare la vostra sete dovete staccare il neonato dal seno materno, rendete questo atto un atto di adorazione,

Così che la vostra mensa diventi un altare sacrificale sul quale vengono immolati, in onore di ciò che di puro ed innocente v'è nell'uomo, i puri ed innocenti abitatori della foresta e dei campi.

Quando state per uccidere un animale, ditegli nel vostro intimo:

"La stessa forza che ammazza te, egualmente ammazza me; ed anch'io sarò distrutto.

Infatti la legge che t'ha posto nelle mie mani, mi porrà a mia volta in mani più potenti.

Il tuo ed il mio sangue non sono altro che la linfa che nutre l'albero del cielo".

E quando addentate una mela, ditele nel vostro intimo:

"Your seeds shall live in my body,
And the buds of your to-morrow shall blossom in my heart:
And your fragrance shall be my breath,
And together we shall rejoice through all the seasons".

And in the autumn, when you gather the grapes of your vineyards for the winepress, say in your heart:

"I too am a vineyard, and my fruit shall be gathered for the winepress,
And like new wine I shall be kept in eternal vessels".

And in winter, when you draw the wine, let there be in your heart a song for each cup;

And let there be in the song a remembrance for the autumn days, and for the vineyard, and for the winepress.

"I tuoi semi continueranno a vivere nel mio corpo,
Ed i germogli del tuo futuro sbocceranno nel mio cuore;
E la tua fragranza sarà il mio respiro,
Ed insieme gioiremo per l'eternità".

Ed in autunno, quando raccoglierete l'uva delle vostre vigne per il torchio, dite nel vostro intimo:

"Anch'io sono una vite i miei frutti saranno raccolti per essere passati al torchio,

E come vino nuovo sarò conservato in recipienti che possono durare una eternità".

E nell'inverno quando mescerete il vino intonate ad ogni calice un canto nel vostro intimo;

E che nel vostro canto vi sia un ricordo per i giorni dell'autunno, per la vigna e per il torchio.

Then a ploughman said, Speak to us of Work.

And he answered, saying:

You work that you may keep pace with the earth and the soul of the earth.

For to be idle is to become a stranger unto the seasons, and to step out of life's procession that marches in majesty and proud submission towards the infinite.

When you work you are a flute through whose heart the whispering of the hours turns to music.

Which of you would be a reed, dumb and silent, when all else sings together in unison?

Always you have been told that work is a curse and labour a misfortune.

But I say to you that when you work you fulfil a part of earth's furthest dream, assigned to you when that dream was born,

And in keeping yourself with labour you are in truth loving life,

And to love life through labour is to be intimate with life's inmost secret.

Allora un contadino disse: Parlaci del Lavoro.

Ed egli rispose:

Voi lavorate per tenere il passo della terra e dell'anima della terra.

Poiché oziare è come vivere fuori del tempo, come uscire dalla crescita della vita, che avanza solenne ed orgogliosamente sottomessa verso l'eternità.

Quando lavorate siete come un flauto attraverso il cui cuore il bisbiglio delle ore diventa come una melodia.

Chi di voi vorrebbe essere una canna muta e silente, quando tutte le altre suonano all'unisono?

Tutti vi hanno sempre predicato che il lavoro è una maledizione e la fatica una disgrazia.

Ma io vi dico che quando lavorate realizzate parte del sogno più antico della terra, parte assegnatavi alla nascita di quel sogno,

E nutrendovi di fatica in realtà esprimete amore per la vita,

Ed amare la vita per mezzo della fatica è comprenderne il più profondo segreto.

But if you in your pain call birth an affliction and the support of the flesh a curse written upon your brow, then I answer that naught but the sweat of your brow shall wash away that which is written.

You have been told also that life is darkness, and in your weariness you echo what was said by the weary.

And I say that life is indeed darkness save when there is urge,

And all urge is blind save when there is knowledge,

And all knowledge is vain save when there is work,

And all work is empty save when there is love;

And when you work with love you bind yourself to yourself, and to one another, and to God.

And what is it to work with love?

It is to weave the cloth with threads drawn from your heart, even as if your beloved were to wear that cloth.

It is to build a house with affection, even as if your beloved were to dwell in that house.

It is to sow seeds with tenderness and reap the harvest with joy, even as if your beloved were to eat the fruit.

It is to charge all things you fashion with a breath of your own spirit,

And to know that all the blessed dead are standing about you and watching.

Often have I heard you say, as if speaking in sleep, "He who works in marble, and finds the shape of his own soul in the stone, is nobler than he who ploughs the soil.

And he who seizes the rainbow to lay it on a cloth in the likeness of man, is more than he who makes the sandals for our feet".

But I say, not in sleep, but in the overwakefulness of noontide, that the wind speaks not more sweetly to the

Ma se nella vostra sofferenza affermate che nascere è una condanna e che il mantenersi in vita è una maledizione scritta sulla vostra fronte, allora vi rispondo che ciò che sta scritto sulla vostra fronte potrà essere cancellato solo dal sudore.

Vi è stato anche detto che la vita è tenebra e stanchi fate eco a ciò che dissero degli esausti.

Ed io dico che la vita è sì tenebra tranne quando è slancio,

Ed ogni passione è cieca tranne quando è sapere,

Ed ogni sapere è vano tranne quando è lavoro,

Ed ogni lavoro è inutile tranne quando è amore;

E quando lavorate con amore siete in comunione con voi stessi, con gli altri e con Dio.

E cosa significa lavorare con amore?

È tessere la tela con i fili del vostro cuore, come se dovesse indossarla il vostro amato.

È costruire una casa con gran cura, come se dovesse abitarvi il vostro amato.

È seminare con tenerezza e gioiosamente raccoglierne i frutti, come se ne dovesse nutrire il vostro amato.

È insufflare il vostro spirito in ogni vostra azione,

Ed è essere coscienti che tutti i morti in beatitudine vegliano su di voi.

Spesso vi ho sentito dire come se parlaste nel sonno: "Colui che lavora il marmo e ritrova se stesso nella pietra, è più nobile di colui che ara il terreno.

E colui che afferra l'arcobaleno per poi spanderlo sulla tela a sembianza di uomo, vale di più di chi fa i sandali per i nostri piedi".

Non nel sonno, ma nella piena coscienza del mezzogiorno io vi dico che il vento parla tanto dolcemente all'impo-

giant oaks than to the least of all the blades of grass;

And he alone is great who turns the voice of the wind into a song made sweeter by his own loving.

Work is love made visible.

And if you cannot work with love but only with distaste, it is better that you should leave your work and sit at the gate of the temple and take alms of those who work with joy.

And if you bake bread with indifference, you bake a bitte bread that feeds but half man's hunger.

And if you grudge the crushing of the grapes, your grudge distils a poison in the wine.

And if you sing though as angels, and love not the singing, you muffle man's ears to the voices of the day and the voices of the night.

nente quercia quanto al piccolo filo d'erba;

E che è sommo solo colui che sa trasformare la voce del vento in un canto reso ancor più melodioso dal proprio amore.

Il lavoro è amore rivelato.

E se non riuscite a lavorare con amore, ma solo con ripugnanza, è meglio che abbandoniate il lavoro e vi accucciate all'ingresso del tempio accettando l'elemosina di chi lavora con entusiasmo.

Poiché se cuocete il pane senza partecipazione, cuocete un pane amaro che soddisfa solo a metà la fame dell'uomo.

E se pigiate l'uva di mala voglia il vostro essere restio trasformerà il vino in veleno.

Ed anche se cantate come angeli ma senza amore, renderete l'uomo insensibile alle voci del giorno ed alle voci della notte.

Then a woman said, Speak to us of Joy and Sorrow.

And he answered:

Your joy is your sorrow unmasked.

And the selfsame well from which your laughter rises was oftentimes filled with yours tears.

And how else can it be?

The deeper that sorrow carves into your being, the more joy you can contain.

Is not the cup that holds your wine the very cup that was burned in the potter's oven?

And is not the lute that soothes your spirit the very wood that was hollowed with knives?

When you are joyous, look deep into your heart and you shall find it is only that which has given you sorrow that is giving you joy.

When you are sorrowful look again in your heart and you shall see that in truth you are weeping for that which has been your delight.

Some of you say, "Joy is greater than sorrow", and others say, "Nay, sorrow is the greater".

But I say unto you, they are inseparable.

Allora una donna disse: Parlaci della Gioia e del Dolore.

Ed egli rispose:

La vostra gioia è il vostro dolore smascherato.

E il medesimo pozzo da cui proviene il vostro riso è stato spesso riempito dalle vostre lacrime.

E come può essere altrimenti?

Quanto più a fondo il dolore incide nella vostra vita, tanta più gioia potrete godere.

Non è forse il calice che contiene il vostro vino, quello stesso calice temperato nel forno del vasaio?

Non è forse il liuto che calma il vostro spirito, quello stesso legno scavato dal coltello?

Quando siete felici, guardate in fondo al vostro cuore e capirete che in realtà state piangendo per ciò che già prima fu una vostra gioia.

Alcuni di voi sono soliti dire: "La gioia è più grande del dolore" ed altri sono soliti dire: "No, è più grande il dolore".

Ma io, invece, vi dico che sono inseparabili.

Arrivano insieme, e quando l'una siede con voi a tavola,

Together they come, and when one sits alone with you at your board, remember that the other is asleep upon your bed.

Verily you are suspended like scales between your sorrow and your joy.

Only when your are empty are you at standstill and balanced.

When the treasure-keeper lifts you to weigh his gold and his silver, needs must your joy or your sorrow rise or fall.

ricordatevi che l'altro sta dormendo nel vostro letto.

In verità voi siete come bilance oscillanti fra il dolore e la gioia.

Solo quando siete vuoti siete fermi e ben bilanciati.

Ma qualora il tesoriere vi solleva per pesare il suo oro ed il suo argento, la vostra gioia ed il vostro dolore sono obbligati a salire o a scendere.

Then a mason came forth and said, Speak to us of Houses.

And he answered and said:

Build of your imaginings a bower in the wilderness ere you build a house within the city walls.

For even as you have home-comings in your twilight, so has the wanderer in you, the everdistant and alone.

Your house in your larger body.

It grows in the sun and sleeps in the stillness of the night; and it is not dreamless. Does not your house dream? and dreaming, leave the city for grove or hilltop?

Would that I could gather your houses into my hand, and like a sower scatter them in forest and meadow.

Would the valleys were your streets, and the green paths your alleys, that you might seek one another through vineyards, and come with the fragrance of the earth in your garments.

But these things are not yet to be.

In their fear your forefathers gathered you too near together. And that fear shall endure a little longer. A little longer shall your city walls separate your hearths from your fields.

Allora si fece avanti un muratore e disse: Parlaci della Casa.

Ed egli rispose:

Costruite con l'immaginazione un riparo nel deserto prima di costruire una casa entro le mura della città.

Poiché come voi rincasate al crepuscolo, altrettanto fa il nomade che è in voi, sempre esule e solo.

La vostra casa è il vostro corpo più vasto.

Si erge al sole e dorme nel silenzio della notte e sogna. Credi forse che la tua casa non sogni? E che sognando non abbandoni la città per il bosco o la sommità del colle?

Vorrei poter raccogliere le vostre case, tenerle nel palmo della mia mano e come un seminatore spargerle poi sui prati e nelle foreste.

Vorrei che le vallate fossero le vostre vie ed i verdi sentieri i vostri vicoli, da far sì che potreste cercarvi l'un l'altro per le vigne e trovare nei vostri abiti gli umori della terra.

Ma questo è ancora impossibile.

Per la paura i vostri antenati vi hanno insegnato a vivere uniti. E quella paura vi rimarrà attaccata ancora a lungo. Ancora a lungo le mura della vostra città separeranno i vostri cuori dai vostri campi.

And tell me, people of Orphalese, what have you in these houses? And what is it you guard with fastened doors?

Have you peace, the quiet urge that reveals your power?

Have you remembrances, the glimmering arches that span the summits of the mind?

Have you beauty, that leads the heart from things fashioned of wood and stone to the holy mountain?

Tell me, have you these in your houses?

Or have you only comfort, and the lust for comfort, that stealthy thing that enters the house a guest, and then becomes a host, and then a master?

Ay, and it becomes a tamer, and with hook and scourge makes puppets of your larger desires.

Though its hands are silken, its heart is of iron.

It lulls you to sleep only to stand by your bed and jeer at the dignity of the flesh.

It makes mock of your sound senses, and lays them in thistledown like fragile vessels.

Verily the lust for comfort murders the passion of the soul, and then walks grinning in the funeral.

But you, children of space, you restless in rest, you shall not be trapped nor tamed.

Your house shall be not an anchor but a mast.

It shall not be a glistening film that covers a wound, but an eyelid that guards the eye.

You shall not fold your wings that you may pass through doors, nor bend your heads that they strike not against a ceiling, nor fear to breathe lest walls should crack and fall down.

Ditemi, popolo di Orphalese, che cosa celate in queste case? E che cosa proteggono le porte sbarrate?

Forse che vi nascondete la pace, quello slancio tranquillo che rivela la vostra forza?

Forse che vi nascondete dei ricordi, quegli splendidi archi che uniscono gli apici delle menti?

Forse che vi nascondete la bellezza, che porta il cuore alla montagna sacra valendosi di oggetti in legno e pietra?

Ditemi, forse che nelle vostre case nascondete queste cose?

Oppure nascondete solo benessere e brama di benessere, che entrano in casa di soppiatto come ospiti per divenirne poi, padroni prima e sovrani assoluti dopo?

Sì, diventano domatori e con il pungolo e la frusta riducono a fantocci le vostre aspirazioni più alte.

Han forse mani di seta, ma il cuore certamente di ferro.

Vi cullano per farvi addormentare, ma esclusivamente per stare vicini al vostro letto e giocare con la dignità della vostra carne.

Si beffano dei vostri virtuosi sensi e li posano fra la bambagia come dei fragili vasi.

In verità la brama del benessere uccide la vita dell'anima e sogghigna al suo funerale.

Ma voi, figli dell'aria, insonni nel sonno, voi non vi lascerete né intrappolare né domare.

La vostra casa non sarà un'ancora, ma bensì un albero maestro.

Non sarà una cuticola lucente che ricopre una ferita, ma bensì una palpebra che ricopre l'occhio.

Non piegherete le ali per attraversare le porte, non chinerete il capo per non urtare la volta e non avrete paura di respirare per il timore che le pareti si incrinino e crollino.

You shall not dwell in tombs made by the dead for the living.

And though of magnificence and splendour, your house shall not hold your secret nor shelter your longing.

For that which is boundless in you abides in the mansion of the sky, whose door is the morning mist, and whose windows are the songs and the silences of night.

Non abiterete in tombe costruite dai morti per i viventi.

E per quanto magnifica e rilucente, la vostra casa non custodirà il vostro segreto, né proteggerà i vostri desideri.

Poiché ciò che di eterno è in voi, sta nella dimora del cielo, la cui porta è la bruma del mattino e le cui finestre sono i canti ed i silenzi della notte.

And the weaver said, Speak to us of Clothes.

And he answered:

Your clothes conceal much of your beauty, yet they hide not the unbeautiful.

And though you seek in garments the freedom of privacy you may find in them a harness and a chain.

Would that you could meet the sun and the wind with more of your skin and less of your raiment.

For the breath of life is in the sunlight and the hand of life is in the wind.

Some of you say, "It is the north wind who has woven the clothes we wear".

And I say, Ay, it was the north wind,

But shame was his loom, and the softening of the sinews was his thread.

And when his work was done he laughed in the forest.

Forget not that modesty is for a shield against the eye of the unclean.

And when the unclean shall be no more, what were modesty but a fetter and a fouling of the mind?

And forget not that the earth delights to feel your bare feet and the winds long to play with your hair.

Ed il tessitore disse: Parlaci degli Abiti.

Ed egli rispose:

I vostri abiti occultano gran parte della vostra bellezza, eppure non riescono a nascondere ciò di voi che è bello.

E sebbene cerchiate negli indumenti un'intima libertà, potreste ritrovarvi in un'armatura e fra delle catene.

Vorrei che poteste andare incontro al sole ed al vento con più pelle e meno vestiti.

Poiché il soffio della vita è nel sole e la mano della vita è nel vento.

Alcuni di voi dicono: "Il vento del nord ha tessuto gli abiti che indossiamo".

Ed io dico, sì, è stato il vento del nord,

Ma il suo telaio è stato la vergogna, e la mollezza la sua trama.

Ed il vento alla fine del suo lavoro là nella foresta scoppiò a ridere.

Ricordate sempre che la modestia è per voi come uno scudo allo sguardo dell'impuro.

E quando l'impuro non sarà più, che cosa sarà la modestia se non un saldo freno al tuo intelletto?

Ricordate sempre che la terra adora sentire la nudità dei vostri piedi, così come il vento desidera giocare con i vostri capelli.

And a merchant said, Speak to us of Buying and Selling.

And he answered and said:

To you the earth yields her fruit, and you shall not want if you but know how to fill your hands.

It is in exchanging the gifts of the earth that you shall find abundance and be satisfied.

Yet unless the exchange be in love and kindly justice, it will but lead some to greed and others to hunger.

When in the market-place you toilers of the sea and fields and vineyards meet the weavers and the potters and the gatherers of spices, –

Invoke then the master spirit of the earth, to come into your midst and sanctify the scales and the reckoning that weighs value against value.

And suffer not the barren-handed to take part in your transactions, who would sell their words for your labour.

To such men you should say:

"Come with us to the field, or go with our brothers to the sea and cast you net;

For the land and the sea shall be bountiful to you even as to us".

Ed un mercante disse: Parlaci del Comprare e del Vendere.

Ed egli rispose:

La terra vi elargisce i propri frutti e questi non vi verranno mai a mancare se solo saprete empirvene le mani.

È nello scambio dei beni della terra che troverete l'abbondanza e sarete sazi.

Tuttavia se lo scambio non vien fatto con amore e generosa giustizia, condurrà alcuni all'avidità ed altri alla fame.

Quando sulla piazza del mercato voi, marinai contadini e vignaioli, incontrate tessitori vasai e speziali,

Invocate lo spirito supremo della terra affinché scenda fra di voi a benedire le bilance ed i calcoli, di modo che pesi valore per valore.

E non tollerate che la persona dalla mano che non produce prenda parte alle vostre trattative, perché vi venderà le sue parole in cambio della vostra fatica.

A siffatte persone direte:

"Venite con noi nei campi o andate con i nostri fratelli per mare a gettare le vostre reti;

Ed allora la terra ed il mare saranno generosi con voi, come lo furono con noi".

And if there come the singers and the dancers and the flute players, – buy of their gifts also.

For they too are gatherers of fruit and frankincense, and that which they bring, though fashioned of dreams, is raiment and food for your soul.

And before you leave the market-place, see that no one has gone his way with empty hands.

For the master spirit of the earth shall not sleep peacefully upon the wind till the needs of the least of you are satisfied.

E se sopraggiungono i cantori, i danzatori e i suonatori di flauto, acquistate pure i loro doni.

Infatti anche loro raccolgono frutta ed incenso e quello che recano, sebbene costruito con i sogni, è abito e cibo per la vostra anima.

E prima di lasciare la piazza del mercato controllate che nessuno se ne sia andato a mani vuote.

Poiché lo spirito supremo della terra non dormirà in pace nel vento sino a che il bisogno dell'ultimo fra voi non sarà appagato.

Then one of the judges of the city stood forth and said, Speak to us of Crime and Punishment.

And he answered, saying:

It is when your spirit goes wandering upon the wind,

That you, alone and unguarded, commit a wrong unto others and therefore unto yourself.

And for that wrong committed must you knock and wait a while unheeded at the gate of the blessed.

Like the ocean is your god-self;

It remains for ever undefiled.

And like the ether it lifts but the winged.

Even like the sun is your god-self;

It knows not the ways of the mole nor seeks it the holes of the serpent.

But your god-self dwells not alone in your being.

Much in you is still man, and much in you is not yet man,

But a shapeless pigmy that walks asleep in the mist searching for its own awakening.

And of the man in you would I now speak.

Allora uno dei giudici della città si fece avanti e disse: Parlaci della Colpa e del Castigo.

Ed egli rispose:

È quando il vostro spirito vaga nel vento,

Che voi, soli ed imprudenti, commettete un errore verso gli altri e di conseguenza verso voi stessi.

E per quell'errore dovete bussare ed attendere a lungo davanti alla porta dei beati.

La vostra essenza divina è come l'oceano;

Rimane per sempre incontaminata.

E come l'etere sorregge solo gli esseri alati.

La vostra essenza divina è anche simile al sole;

Non conosce i cunicoli della talpa né cerca le buche del serpente.

Ma la vostra essenza divina non dimora solo nel vostro essere.

Molto in voi è rimasto di umano, e molto in voi non è ancora nemmeno umano,

Bensì è un pigmeo informe che cammina nel sonno attraversando la bruma in cerca del proprio risveglio.

È di ciò che di umano è in voi che vorrei parlarvi.

For it is he and not your god-self nor the pigmy in the mist that knows crime and the punishment of crime.

Oftentimes have I heard you speak of one who commits a wrong as though he were not one of you, but a stranger unto you and an intruder upon your world.

But I say that even as the holy and the righteous cannot rise beyond the highest which is in each one of you,

So the wicked and the weak cannot fall lower than the lowest which is in you also.

And as a single leaf turns not yellow but with the silent knowledge of the whole tree,

So the wrong-doer cannot do wrong without the hidden will of you all.

Like a procession you walk together towards your god-self.

You are the way and the wayfarers.

And when one of you falls down he falls for those behind him, a caution against the stumbling stone.

Ay, and he falls for those ahead of him, who, though faster and surer of foot, yet removed not the stumbling stone.

And this also, though the word lie heavy upon your hearts:

The murdered is not unaccountable for his own murder,

And the robbed is not blameless in being robbed.

The righteous is not innocent of the deeds of the wicked,

And the white-handed is not clean in the doings of the felon.

Yeah, the guilty is oftentimes the victim of the injured.

And still more often the condemned is the burden bearer for the guiltless and unblamed.

Poiché è l'umano che è in voi, non la vostra essenza divina, né il pigmeo nella bruma, che conosce la colpa ed il castigo.

Spesso vi ho sentito parlare di chi ha commesso un errore come se egli non fosse uno di voi, ma un estraneo ed un intruso nel vostro mondo.

Ma io dico che come il santo ed il giusto non possono elevarsi al di sopra di ciò che di più sublime è in voi,

Così il malvagio ed il debole non possono cadere più in basso di ciò che di più infimo è in voi.

E come una singola foglia non può ingiallire se non con il tacito consenso dell'intera pianta,

Così il malvagio non può compiere del male senza la complicità di tutti voi.

Andate insieme come in processione verso la vostra essenza divina.

Voi siete la via ed i viandanti.

E quando uno di voi cade, cade a vantaggio di coloro che lo seguono, mettendoli in guardia contro l'ostacolo.

Sì, ma cade anche a causa di coloro che lo hanno preceduto, che, sebbene di passo più veloce e sicuro, non rimossero l'ostacolo.

E vi dirò ancora una cosa nonostante la parola pesi sui vostri cuori:

L'assassinato è responsabile della propria uccisione,

Ed il derubato ha colpa del furto subito.

Il giusto non è irresponsabile delle azioni del malvagio,

E chi è innocente non è estraneo alle imprese dell'empio.

Sì, spesso il colpevole è vittima della parte lesa.

Ed ancora più di sovente il condannato porta il peso di chi è senza biasimo e colpa.

You cannot separate the just from the unjust and the good from the wicked;

For they stand together before the face of the sun even as the black thread and the white are woven together.

And when the black thread breaks, the weaver shall look into the whole cloth, and he shall examine the loom also.

If any of you would bring to judgment the unfaithful wife,

Let him also weigh the heart of her husband in scales, and measure his soul with measurements.

And let him who would lash the offender look unto the spirit of the offended.

And if any of you would punish in the name of righteousness and lay the axe unto the evil tree, let him see to its roots;

And verily he will find the roots of the good and the bad, the fruitful and the fruitless, all entwined together in the silent heart of the earth.

And you judges who would be just,

What judgment pronounce you upon him who though honest in the flesh yet is a thief in spirit?

What penalty lay you upon him who slays in the flesh yet is himself slain in the spirit?

And how prosecute, you him who in action is a deceiver and an oppressor,

Yet who also is aggrieved and outraged?

And how shall you punish those whose remorse is already greater than their misdeeds?

Is not remorse the justice which is administered by that very law which you would fain serve?

Non è possibile separare il giusto dall'ingiusto ed il buono dal cattivo;

Poiché questi al cospetto del sole sono uniti come il filo bianco e quello nero tessuti insieme.

E quando il filo nero si spezza il tessitore controllerà non solo tutta la tela ma anche il telaio.

Se qualcuno di voi volesse condurre a giudizio una moglie infedele, pesi sulla bilancia anche il cuore del marito e ne misuri l'anima.

E chi volesse frustare l'offensore, scruti prima bene lo spirito dell'offeso.

E se qualcuno di voi volesse punire in nome della giustizia l'albero del male servendosi di una scure, ne esamini prima le radici;

Ed in verità vi troverà le radici del bene e del male, del fecondo e dello sterile, tutte fra loro intrecciate nel silenzioso cuore della terra.

E voi giudici che vi dichiarate giusti,

Che giudizio pronunciate a carico di colui che, sebbene onesto nella carne, è un ladro nello spirito?

Come punite colui che uccide la carne nel caso in cui lui stesso è ucciso nello spirito?

E come perseguite chi di fatto è un truffatore ed un tiranno, ma che nello stesso tempo è lui stesso addolorato ed offeso?

E come punirete coloro il cui rimorso è già più grande delle loro colpe?

Forse che il rimorso non è che quella giustizia amministrata dalla stessa legge che di buon grado servireste?

Yet you cannot lay remorse upon the innocent nor lift it from the heart of the guilty.

Unbidden shall it call in the night, that men may wake and gaze upon themselves.

And you who would understand justice, how shall you unless you look upon all deeds in the fullness of light?

Only then shall you know that the erect and the fallen are but one man standing in twilight between the night of his pigmy-self and the day of his god-self,

And that the corner-stone of the temple is not higher than the lowest stone in its foundation.

Tuttavia il rimorso non potete imporlo all'innocente, né toglierlo dal cuore del colpevole.

Inaspettato, il rimorso chiamerà nella notte affinché gli uomini si sveglino e guardino nelle loro anime.

E voi che vorreste amministrare bene la giustizia, come lo potrete se non esaminando ogni azione in piena luce?

Solo allora capirete che il giusto ed il peccatore non sono che un unico uomo nel crepuscolo tra la notte della sua essenza pigmea ed il giorno della sua essenza divina,

E che la pietra angolare del tempio non è più alta della pietra più bassa delle sue fondamenta.

Then a lawyer said, But what of our Laws, master?

And he answered:

You delight in laying down laws,

Yet you delight more in breaking them.

Like children playing by the ocean who build sand-towers with constancy and then destroy them with laughter.

But while you build your sand-towers the ocean brings more sand to the shore,

And when you destroy them the ocean laughs with you.

Verily the ocean laughs always with the innocent.

But what of those to whom life is not an ocean, and man-made laws are not sand-towers,

But to whom life is a rock, and the law a chisel with which they would carve it in their own likeness?

What of the cripple who hates dancers?

What of the ox who loves his yoke and deems the elk and deer of the forest stray and vagrant things?

What of the old serpent who cannot shed his skin, and calls all others naked and shameless?

Allora un avvocato disse: Cosa ne pensi delle nostre Leggi, maestro?

Ed egli rispose:

Vi dilettate ad emanare le leggi,

Ma ancor di più vi dilettate ad infrangerle.

Come bambini che giocano in riva all'oceano e con cura costruiscono torri di sabbia per poi distruggerle con una risata.

Ma mentre voi costruite le vostre torri di sabbia, l'oceano apporta sempre più sabbia a riva,

E quando le fate crollare l'oceano ride con voi.

In verità l'oceano ride sempre con l'innocente.

Ma che dire di coloro per i quali la vita non è un oceano, e le leggi umane non sono torri di sabbia,

E per i quali la vità è come una roccia e la legge come uno scalpello con cui inciderla a loro somiglianza?

Che dire dello storpio che odia coloro che danzano?

Che dire del bue che ama il suo giogo e che ritiene l'alce ed il cervo della foresta animali randagi e vagabondi?

Che dire del vecchio serpente che ormai non può più mutar di pelle e che si rivolge agli altri dicendo che son

And of him who comes early to the wedding-feast, and when over-fed and tired goes his way saying that all feasts are violation and all feasters law-breakers?

What shall I say of these save that they too stand in the sunlight, but with their backs to the sun?

They see only their shadows, and their shadows are their laws.

And what is the sun to them but a caster of shadows?

And what is it to acknowledge the laws but to stoop down and trace their shadows upon the earth?

But you who walk facing the sun, what images drawn on the earth can hold you?

You who travel with the wind, what weathervane shall direct your course?

What man's law shall bind you if you break your yoke but upon no man's prison door?

What laws shall you fear if you dance but stumble against no man's iron chains?

And who is he that shall bring you to judgement if you tear off your garment yet leave it in no man's path?

People of Orphalese, you can muffle the drum, and you can loosen the strings of the lyre, but who shall command the skylark not to sing?

nudi e vergognosi?

Che dire dell'invitato che arriva in anticipo al banchetto nuziale ed una volta sazio ed appesantito se ne torna a casa lamentando che tutti i banchetti sono profanazione ed i convitati fuorilegge?

Che cosa potrei dire di costoro se non che pure loro godono della luce, pur volgendo le spalle al sole?

Essi vedono solo le loro ombre e le loro ombre sono le loro leggi.

E il sole per costoro non è forse un semplice modellatore di ombre?

Ed applicare le leggi non è forse per costoro solo un chinarsi a tracciare per terra il contorno delle loro ombre?

Ma voi che camminate rivolti verso il sole, da quali immagini disegnate sulla terra potete mai essere trattenuti?

Voi che seguite il vento, quale banderuola indicherà il vostro procedere?

Quale legge dell'uomo vi legherà se spezzerete il vostro giogo sulla soglia della prigione di nessun uomo?

Quale legge vi intimorirà se danzerete senza inciampare nelle catene dell'uomo?

E chi vi tradurrà in giudizio se voi vi strapperete le vesti e non le darete ad un altro uomo?

Popolo di Orphalese, potete soffocare il suono del tamburo ed allentare le corde della lira, ma chi potrà mai ordinare all'allodola di non cantare?

And an orator said, Speak to us of Freedom.

And he answered:

At the city gate and by your fireside I have seen you prostrate yourself and worship your own freedom,

Even as slaves humble themselves before a tyrant and praise him though he slays them.

Ay, in the grove of the temple and in the shadow of the citadel I have seen the freest among you wear their freedom as a yoke and a handcuff.

And my heart bled within me; for you can only be free when even the desire of seeking freedom becomes a harness to you, and when you cease to speak of freedom as a goal and a fulfilment.

You shall be free indeed when your days are not without a care nor your nights without a want and a grief,

But rather when these things girdle your life and yet you rise above them naked and unbound.

And how shall you rise beyond your days and nights unless you break the chains which you at the dawn of your understanding have fastened around your noon hour?

Ed un oratore disse: Parlaci della Libertà.

Ed egli rispose:

Vi ho visto prosternati ad adorare la vostra libertà presso le porte della città e presso il focolare,

Come gli schiavi si umiliano davanti al tiranno lodandolo sebbene li uccida.

Sì, nel bosco del tempio ed all'ombra della cittadella ho visto i più liberi fra voi vestirsi della libertà sotto forma di giogo e di catene.

Ed in me sanguinava il mio cuore; infatti potrete considerarvi liberi solo quando il desiderio di ricercare la libertà diverrà superfluo e non lo considererete più il vostro ultimo fine.

Sarete completamente liberi solo quando le vostre giornate conosceranno la pena e le vostre notti la necessità ed il dolore,

Ma soprattutto quando queste cose vi circonderanno e voi vi ergerete sopra di loro nudi e senza legami.

Ma come andrete oltre i giorni e le notti se non spezzate le catene che voi stessi avete all'alba della vostra conoscenza ben assicurato attorno all'ora del meriggio?

In truth that which you call freedom is the strongest of these chains, though its links glitter in the sun and dazzle your eyes.

And what is it but fragments of your own self you would discard that you may become free?

If it is an unjust law you would abolish, that law was written with your own hand upon your own forehead.

You cannot erase it by burning your law books nor by washing the foreheads of your judges, though you pour the sea upon them.

And if it is a despot you would dethrone, see first that his throne erected within you is destroyed.

For how can a tyrant rule the free and the proud, but for a tyranny in their own freedom and a shame in their own pride?

And if it is a care you would cast off, that care has been chosen by you rather than imposed upon you.

And if it is a care you would cast off, that care that fear is in your heart and not in the hand of the feared.

Verily all things move within your being in constant half embrace, the desired and the dreaded, the repugnant and the cherished, the pursued and that which you would escape.

These things move within you as lights and shadows in pairs that cling.

And when the shadow fades and is no more, the light that lingers becomes a shadow to another light.

And thus your freedom when it loses its fetters becomes itself the fetter of a greater freedom.

In realtà ciò che voi amate chiamare libertà è la catena più robusta, sebbene le sue maglie luccichino al sole ed abbaglino la vista.

Cosa sono se non frammenti di voi le cose di cui vi affranchereste per diventare liberi?

Se è una legge ingiusta quella che voi vorreste abolire, quella è la stessa scritta dalla vostra mano sulla vostra fronte.

Non potete cancellarla né bruciando i libri di diritto, né lavando la fronte ai vostri giudici versandovi sopra l'acqua dell'intero mare.

E se è un despota che vorreste spodestare, badate prima di tutto che il suo trono che sta in voi sia già stato distrutto.

Infatti come può un tiranno governare i liberi e gli orgogliosi, se non per una carenza della loro libertà ed un difetto del loro orgoglio?

E se è una preoccupazione che vorreste allontanare, quella preoccupazione ve la siete scelta da soli e nessuno ve l'ha imposta.

E se è una preoccupazione che vorreste allontanare, quella preoccupazione che vi agita è nel vostro cuore, non nelle mani dei vostri nemici.

In verità tutto sta in voi in un costante ed incompiuto abbraccio, ciò che desiderate e ciò che temete, ciò che vi ripugna e ciò che vi attira, ciò che cercate e ciò che sfuggite.

Queste cose si agitano in voi come luci ed ombre fra loro intrecciate.

E quando un'ombra si dissolve, una luce già fioca si fa ombra per un'altra luce.

E così quando la vostra libertà si toglie i ceppi, diventa a sua volta ceppo per un'altra più grande libertà.

And the priestess spoke again and said: Speak to us of Reason and Passion.

And he answered, saying:

Your soul is oftentimes a battlefield, upon which your reason and your judgement wage war against your passion and your appetite.

Would that I could be the peacemaker in your soul, that I might turn the discord and the rivalry of your elements into oneness and melody.

But how shall I, unless you yourselves be also the peacemakers, nay, the lovers of all your elements?

Your reason and your passion are the rudder and the sails of your seafaring soul.

If either your sails or your rudder be broken, you can but toss and drift, or else be held at a standstill in mid-seas.

For reason, ruling alone, is a force confining; and passion, unattended, is a flame that burns to its own destruction.

Therefore let your soul exalt your reason to the height of passion, that it may sing;

E la sacerdotessa parlò ancora e disse: Parlaci della Ragione e della Passione.

Ed egli rispose:

La vostra anima non è altro che un campo di battaglia ove si scontrano la ragione ed il giudizio con la passione e l'avidità.

Vorrei poter fungere da paciere nella vostra anima in modo da trasformare la discordia e la rivalità dei vostri elementi in unione ed armonia.

Ma come posso riuscirci, se voi stessi non assumete la funzione di paciere, anzi di amici di ogni vostro elemento?

La ragione e la passione sono il timone e le vele della vostra anima di marinai.

Se le vele o il timone si spezzano, altro non vi rimane che essere sballottati, andare alla deriva oppure arrestarvi in mare aperto.

Infatti la ragione da sola è una forza che pone limiti; mentre la passione incustodita è una fiamma che si autodistrugge.

Quindi la vostra anima innalzi la ragione all'altezza della passione affinché essa canti;

And let it direct your passion with reason, that your passion may live through its own daily resurrection, and like the phoenix rise above its own ashes.

I would have you consider your judgement and your appetite even as you would two loved guests in your house.

Surely you would not honour one guest above the other; for he who is more mindful of one loses the love and the faith of both.

Among the hills, when you sit in the cool shade of the white poplars, sharing the peace and serenity of distant fields and meadows – then let your heart say in silence, "God rests in reason".

And when the storm comes, and the mighty wind shakes the forest, and thunder and lightning proclaim the majesty of the sky, – then let your heart say in awe, "God moves in passion".

And since you are a breath in God's sphere, and a leaf in God's forest, you too should rest in reason and move in passion.

E governate la passione con l'aiuto della ragione, affinché la passione abbia a vivere in quotidiana risurrezione e come la fenice levarsi sempre dalle proprie ceneri.

Vorrei che voi vi comportaste con il giudizio e l'avidità come vi comportereste con due graditi ospiti.

Certamente rendereste ai due pari onori; poiché chi presta maggiori attenzioni ad uno perde l'affetto e la stima di entrambi.

Quando in collina sedete alla fresca ombra dei chiari pioppi, condividendo la pace e la serenità di prati e campi lontani, dite nel vostro intimo: "Dio si riposa nella ragione".

E quando sopraggiunge la tempesta ed il vento implacabile sconvolge la foresta ed i tuoni ed i lampi proclamano la sovranità del cielo, allora riverenti e timorosi dite nel vostro intimo: "Dio si muove nella passione".

E poiché siete un soffio nella sfera di Dio ed una foglia nella sua foresta anche voi dovreste riposare nella ragione e muovervi nella passione.

And a woman spoke, saying, Tell us of Pain.

And he said:

Your pain is the breaking of the shell that encloses your understanding.

Even as the stone of the fruit must break, that its heart may stand in the sun, so must you know pain.

And could you keep your heart in wonder at the daily miracles of your life, your pain would not seem less wondrous than your joy;

And you would accept the seasons of your heart, even as you have always accepted the season that pass over your fields.

And you would watch with serenity through the winters of your grief.

Much of your pain is self-chosen.

It is the bitter potion by which the physician within you heals your sick self.

Therefore trust the physician, and drink his remedy in silence and tranquillity:

For his hand, though heavy and hard, is guided by the tender hand of the Unseen,

Ed una donna disse: Parlaci del Dolore.

Ed egli disse:

Il dolore è lo spezzarsi del guscio che contiene la vostra conoscenza.

Come l'involucro del frutto deve rompersi, affinché il suo cuore possa godere del sole, così voi dovete conoscere il dolore.

E se poteste custodire in cuore lo stupore per i quotidiani miracoli della vita, il vostro dolore non vi sembrerebbe meno degno di ammirazione della vostra gioia;

Accogliereste i tempi del cuore, come sempre avete accettato il trascorrere delle stagioni sui vostri campi.

Guardereste serenamente gli inverni del vostro patire.

Gran parte del vostro dolore l'avete scelto voi stessi.

È la medicina amara con la quale il medico che è in voi cura il vostro essere ammalato.

Quindi abbiate fiducia nel medico e seguite la sua cura in silenzio e tranquillità:

Infatti la sua mano, sebbene pesante e rude, è guidata dalla tenera mano dell'Invisibile,

And the cup he brings, though it burn your lips, has been fashioned of the clay which the Potter has moistened with His own sacred tears.

E sebbene il calice che vi offre vi bruci le labbra, sappiate che questo è stato plasmato con l'argilla che il Vasaio ha inumidito con le Sue Sacre Lacrime.

And a man said, Speak to us of Self-Knowledge.

And he answered, saying:

Your hearts know in silence the secrets of the days and the nights.

But your ears thirst for the sound of your heart's knowledge.

You would know in words that which you have always known in thought.

You would touch with your fingers the naked body of your dreams.

And it is well you should.

The hidden well-spring of your soul must needs rise and run murmuring to the sea;

And the treasure of your infinite depths would be revealed to your eyes.

But let there be no scales to weigh your unknown treasure;

And seek not the depths of your knowledge with staff or sounding line.

For self is a sea boundless and measureless.

Ed un uomo disse: Parlaci della Conoscenza dell'Essere.

Ed egli rispose:

Nel silenzio i vostri cuori conoscono i segreti del giorno e della notte.

Ma le vostre orecchie sono assetate di percepire ciò che il vostro cuore conosce.

Vorreste potere esprimere a parole ciò che avete sempre pensato.

Vorreste toccar con mano il corpo nudo dei vostri sogni.

Sarebbe cosa buona che voi lo poteste.

La fonte nascosta che è nella vostra anima deve assolutamente emergere ed andare al mare mormorando;

Vi sarà così rivelato il tesoro della vostra infinita profondità.

Ma che una bilancia non sia lì a pesare il vostro tesoro nascosto;

Ma che un'asta o una sonda non siano lì a scandagliare le vostre conoscenze profonde.

Infatti l'essere è un mare infinito ed incommensurabile.

Say not, "I have found the truth", but rather, "I have found a truth".

Say not, "I have found the path of the soul". Say rather, "I have met the soul walking upon my path".

For the soul walks upon all paths.

The soul walks upon a line, neither does it grow like a reed.

The soul unfolds itself, like a lotus of countless petals.

Non dite: "Ho trovato la verità", bensì: "Ho trovato una verità".

Non dite: "Ho trovato il sentiero dell'anima", bensì: "Ho incontrato l'anima che camminava sulla mia via".

Infatti l'anima va dovunque.

L'anima non cammina diritto, né cresce come una canna.

L'anima si schiude come un fiore di loto dagli innumerevoli petali.

Then said a teacher, Speak to us of Teaching.

And he said:

No man can reveal to you aught but that which already lies half asleep in the dawning of your knowledge.

The teacher who walks in the shadow of the temple, among his followers, gives not of his wisdom but rather of his faith and his lovingness.

If he is indeed wise he does not bid you enter the house of his wisdom, but rather leads you to the threshold of your own mind.

The astronomer may speak to you of his understanding of space, but he cannot give you his understanding.

The musician may sing to you of the rhythm which is in all space, but he cannot give you the ear which arrests the rhythm nor the voice that echoes it.

And he who is versed in the science of numbers can tell of the regions of weight and measure, but he cannot conduct you thither.

For the vision of one man lends not its wings to another man.

And even as each one of you stands alone in God's knowledge, so must each one of you be alone in his knowledge of God and in his understanding of the earth.

Allora un maestro disse: Parlaci dell'Insegnamento.

Ed egli disse:

Nessuno può insegnarvi nulla che già non sonnecchi nell'alba della vostra conoscenza.

L'insegnante che passeggia all'ombra del tempio in compagnia dei discepoli non elargisce la sua sapienza, bensì la sua fede ed il suo amore.

Se è veramente saggio non vi ordina di entrare nella casa della sua sapienza, bensì vi conduce alla soglia della propria mente.

L'astronomo può illustrarvi la sua conoscenza dello spazio, ma non può infondervela.

Il musicista può cantarvi la melodia che è nell'aria, ma non può darvi l'orecchio che sa cogliere la melodia né la voce che la sa ripetere.

E l'esperto della scienza dei numeri può spiegarvi che cosa sono i pesi e le misure, ma non può portarvi oltre.

Infatti la visione di un uomo non presta le proprie ali ad un altro.

E come ognuno di voi è solo nella conoscenza di Dio, così ognuno di voi deve essere solo nella propria conoscenza di Dio e nella propria comprensione della terra.

And a youth said, Speak to us of Friendship.

And he answered, saying:

Your friend is your needs answered.

He is your field which you sow with love and reap with thanksgiving.

And he is your board and your fireside.

For you come to him with your hunger, and you seek him for peace.

When your friend speaks his mind you fear not the "nay" in your own mind, nor do you withhold the "ay".

And when he is silent your heart ceases not to listen to his heart;

For without words, in friendship, all thoughts, all desires, all expectations are born and shared, with joy that is unacclaimed.

When you part from your friend, you grieve not;

For that which you love most in him may be clearer in his absence, as the mountain to the climber is clearer from the plain.

And let there be no purpose in friendship save the deepening of the spirit.

Ed un giovane disse: Parlaci dell'Amicizia.

Ed egli rispose:

L'amico è la risposta alle vostre necessità.

È il campo che seminate con amore e mietete con riconoscenza.

È la mensa ed il focolare.

Infatti se affamati, ricorrete a lui e da lui andate a cercare la vostra pace.

Quando un amico vi dice il proprio parere, non abbiate timore di contraddirlo, né esitazione nell'approvarlo.

E quando tace il vostro cuore non cessi mai di ascoltare il suo;

Infatti nell'amicizia tutti i pensieri, tutti i desideri, tutte le speranze nascono e si condividono con inesprimibile gioia senza alcun bisogno di parole.

Quando vi separate dall'amico non rattristatevi;

Infatti ciò che più amate in lui può diventare più chiaro in sua assenza, come allo scalatore la montagna appare più chiara dalla pianura.

E che l'amicizia non abbia altro scopo che l'approfondimento dello spirito.

For love that seeks aught but the disclosure of its own mystery is not love but a net cast forth: and only the unprofitable is caught.

And let your best be for your friend.

If he must know the ebb of your tide, let him know its flood also.

For what is your friend that you should seek him with hours to kill?

Seek him always with hours to live.

For it is his to fill your need, but not your emptiness.

And in the sweetness of friendship let there be laughter, and sharing of pleasures.

For in the dew of little things the heart finds its morning and is refreshed.

Infatti l'amore che non cerca di svelare il proprio mistero non è amore, bensì una rete lanciata in avanti a catturare solo ciò che non serve.

E date il meglio di voi stessi per l'amico.
Se deve conoscere il riflusso della vostra marea, che ne conosca anche la piena.
Infatti che amico è il vostro per cercarlo solo nelle ore di morte?
Cercatelo sempre nelle ore di vita.
Infatti è lui che può colmare le vostre necessità, ma non il vostro vuoto.
E che nella dolcezza dell'amicizia vi siano sempre risa e piaceri condivisi.
Infatti nella rugiada delle piccole cose il cuore trova il proprio mattino e si ristora.

And then a scholar said, Speak of Talking.

And he answered, saying:

You talk when you cease to be at peace with your thoughts;

And when you can no longer dwell in the solitude of your heart you live in your lips, and sound is a diversion and a pastime.

And in much of your talking, thinking is half murdered.

For thought is a bird of space, that in a cage of words may indeed unfold its wings but cannot fly.

There are those among you who seek the talkative through fear of being alone.

The silence of aloneness reveals to their eyes their naked selves and they would escape.

And there are those who talk, and without knowledge or forethought reveal a truth wich they themselves do not understand.

And there are those who have the truth within them, but they tell it not in words.

In the bosom of such as these the spirit dwells in rhythmic silence.

Allora uno studioso disse: Parlaci della Parola.

Ed egli rispose:

Voi parlate quando cessate di essere in pace con i vostri pensieri;

E quando non potete più abitare nella solitudine del vostro cuore vivete sulle vostre labbra, ed il suono diventa per voi distrazione e passatempo.

Ed in molte delle vostre parole il pensiero è quasi ucciso.

Infatti il pensiero è un uccello leggero che in una gabbia di parole può spiegare le ali, ma non può volare.

Vi sono alcuni fra voi che cercano colui che parla volentieri per timore di rimaner soli.

Il silenzio dello star soli mostra loro il loro essere nudo, cui vorrebbero sfuggire.

E vi sono alcuni che parlano a vanvera e mostrano una verità che loro stessi ignorano.

E vi sono altri che posseggono la verità, ma non la esternano a parole.

Nel petto di costoro lo spirito dimora in un melodioso silenzio.

When you meet your friend on the roadside or in the market-place, let the spirit in you move your lips and direct your tongue.

Let the voice within your voice speak to the ear of his ear;

For his soul will keep the truth of your heart as the taste of the wine is remembered.

When the colour is forgotten and the vessel is no more.

Quando incontrate l'amico sulla piazza del mercato e per strada, lasciate che lo spirito che è in voi muova le vostre labbra e guidi la vostra lingua.

Lasciate la voce della vostra voce parlare all'orecchio del suo orecchio;

Infatti la sua anima conserverà la verità del vostro cuore, come si ricorda il sapore del vino, quando se n'è dimenticato il colore e la bottiglia è stata gettata.

And an astronomer said, Master, what of Time?

And he answered:

You would measure time, the measureless and the immeasurable.

You would adjust your conduct and even direct the course of your spirit according to hours and seasons.

Of time you would make a stream upon whose bank you would sit and watch its flowing.

Yet the timeless in you is aware of life's timelessness,

And knows that yesterday is but to-day's memory and to morrow is to-day's dream.

And that which sings and contemplates in you is still dwelling within the bounds of that first moment which scattered the stars into space.

Who among you does not feel that his power to love is boundless?

And yet who does not feel that very love, though boundless, encompassed within the centre of his being, and moving not from love thought to love thought, nor from love deeds to other love deeds?

And is not time even as love is, undivided and paceless?

Ed un astronomo disse: Maestro, parlaci del Tempo.

Ed egli rispose:

Vorreste misurare il tempo, incommensurabile ed infinito.

Vorreste regolare il vostro comportamento ed anche dirigere il corso del vostro spirito secondo le ore e le stagioni.

Vorreste fare del tempo un ruscello per poi sedervi sulle sue rive a vederlo scorrere.

Tuttavia l'eterno che è in voi sa che la vita non ha tempo,

E sa che ieri non è altro che un ricordo di oggi e che domani non è altro che un sogno di oggi.

E ciò che canta e contempla in voi abita ancora entro i confini di quel primo momento che sparso ha le stelle in cielo.

Chi di voi non sente che la sua forza d'amare è infinita?

E chi di voi non sente che quello stesso amore, sebbene infinito, è costretto al centro del proprio essere e non passa da pensiero d'amore a pensiero d'amore, né da gesti d'amore a gesti d'amore?

Ed il tempo non è forse come l'amore indivisibile ed inamovibile?

But if in your thought you must measure time into seasons, let each season encircle all the other seasons,

And let to-day embrace the past with remembrance and the future with longing.

Ma se pensate di dover misurare il tempo in stagioni, lasciate che ogni stagione comprenda tutte le altre,

E lasciate che l'oggi tenga in sé il passato con il ricordo ed il futuro con il desiderio.

And one of the elders of the city said, Speak to us of Good and Evil.

And he answered:

Of the good in you I can speak, but not of the evil.

For what is evil but good tortured by its own hunger and thirst?

Verily when good is hungry it seeks food even in dark caves, and when it thirsts it drinks even of dead waters.

You are good when you are one with yourself.

Yet when you are not one with yourself you are not evil.

For a divided house is not a den of thieves; it is only a divided house.

And a ship without rudder may wander aimlessly among perilous isles yet sink not to the bottom.

You are good when you strive to give of yourself.

Yet you are not evil when you seek gain for yourself.

For when you strive for gain you are but a root that clings to the earth and sucks at her breast.

Ed uno degli anziani della città disse: Parlaci del Bene e del Male.

Ed egli rispose:

Del bene che è in voi posso parlare, ma non del male.

Infatti che cosa è il male se non il bene torturato dalla fame e dalla sete?

In verità il buono quando ha fame cerca il cibo anche negli angoli più bui e quando ha sete beve anche acque stagnanti.

Siete buoni quando siete in armonia con voi stessi.

Tuttavia quando non siete in armonia con voi stessi non siete cattivi.

Infatti una casa divisa non è un covo di ladri, è semplicemente una casa divisa.

Ed una nave senza timone può vagare alla cieca per lidi pericolosi senza però affondare.

Siete buoni quando vi sforzate di donare voi stessi.

Tuttavia non siete cattivi quando cercate di guadagnare per voi stessi.

Infatti quando lottate per guadagnare, non siete altro che una radice che penetra nel terreno per succhiarvi il seno.

Surely the fruit cannot say to the root, "Be like me, ripe and full and ever giving of your abundance".

For to the fruit giving is a need, as receiving is a need to the root.

You are good when you are fully awake in your speech.

Yet you are not evil when you sleep while your tongue staggers without purpose.

And even stumbling speech may strengthen a weak tongue.

You are good when you walk to your goal firmly and with bold steps.

Yet you are not evil when you go thither limping.

Even those who limp go not backward.

But you who are strong and swift, see that you do not limp before the lame, deeming it kindness.

Certamente il frutto non può dire alla radice: "Sii come me, maturo e pieno e sempre generoso della tua abbondanza".

Infatti per il frutto donare è una necessità, come per la radice il ricevere.

Siete buoni quando siete totalmente consci di ciò che dite.

Tuttavia non siete cattivi nemmeno quando nel sogno la vostra lingua vaneggia.

Ed anche un discorso confuso può rafforzare una lingua debole.

Siete buoni quando andate verso la vostra meta decisi e con passo sicuro.

Tuttavia non siete cattivi quando la raggiungete zoppicando.

Anche gli zoppi vanno avanti.

Ma voi che siete forti e veloci, guardatevi bene dallo zoppiccare davanti allo zoppo pensando di fargli una gentilezza.

You are good in countless ways, and you are not evil when you are not good,

You are only loitering and sluggard.

Pity that the stags cannot teach swiftness to the turtles.

In your longing for your giant self lies your goodness: and that longing is in all of you.

But in some of you that longing is a torrent rushing with might to the sea, carrying the secrets of the hillsides and the songs of the forest.

And in others it is a flat stream that loses itself in angles and bends and lingers before it reaches the shore.

But let not him who longs much say to him who longs little, "Wherefore are you slow and halting?".

For the truly good ask not the naked, "Where is your garment?" nor the houseless, "What has befallen your house?".

Siete buoni in modi infiniti e non siete cattivi se non siete buoni,

Siete solo pigri ed indolenti.

Peccato che i cervi non possano insegnare a correre alle tartarughe.

Nel desiderio del gigante che è in voi risiede la vostra bontà: e quel desiderio è in tutti voi.

Ma in alcuni di voi quel desiderio è un torrente che irrompe nel mare, portando con sé i segreti delle colline e i canti della foresta.

Ed in altri di voi è un tranquillo ruscello che si perde nei meandri, erra ed indugia prima di arrivare alla foce.

Ma fate che chi desidera troppo non si rivolga a chi desidera poco dicendo: "Perché t'attardi ed indugi?"

Infatti il vero buono non chiede a chi è nudo: "Dove hai messo il tuo vestito?", ed a chi è senza casa: "Che fine ha fatto la tua dimora?"

Then a priestess said, Speak to us of Prayer.

And he answered, saying:

You pray in your distress and in your need; would that you might pray also in the fulness of your joy and in your days of abundance.

For what is prayer but the expansion of yourself into the living ether?

And if it is for your comfort to pour your darkness into space, it is also for your delight to pour forth the dawning of your heart.

And if you cannot but weep when your soul summons you to prayer she should spur you again and yet again, though weeping, until you shall come laughing.

When you pray you rise to meet in the air those who are praying at that very hour, and whom save in prayer you may not meet.

Therefore let your visit to that temple invisible be for naught but ecstasy and sweet communion.

Allora una sacerdotessa disse: Parlaci della Preghiera.

Ed egli disse:

Pregate nella disperazione e nel bisogno; ma vorrei che riusciste a pregare anche nella pienezza della gioia e nei giorni dell'abbondanza.

Infatti che cosa è la preghiera se non il prolungamento di voi nell'etere vivente?

E se vi è di consolazione riversare il vostro tramonto nello spazio, vi è pure di gioia dare libero corso all'alba del vostro cuore.

E se non potete far altro che piangere quando il vostro animo vi chiama alla preghiera, questa dovrebbe continuare a spronarvi, nonostante il vostro pianto, sino a farvi ritrovare il sorriso.

Quando pregate vi innalzate nell'aria per incontrare coloro che stanno in quel momento pregando e chi altrimenti non incontrereste mai.

Quindi fate che la visita a quel tempio invisibile sia solo estasi ed una dolce comunione.

For if you should enter the temple for no other purpose than asking you shall not receive:

And if you should enter into it to humble yourself you shall not be lifted:

Or even if you should enter into it to beg for the good of others you shall not be heard.

It is enough that you enter the temple invisible.

I cannot teach you how to pray in words.

God listens not to your words save when He Himself utters them through your lips.

And I cannot teach you the prayer of the seas and the forests and the mountains.

But you who are born of the mountains and the forests and the seas can find their prayer in your heart,

And if you but listen in the stilness of the night you shall hear them saying in silence,

"Our God, who art our winged self, it is thy will in us that willeth.

It is thy desire in us that desireth.

It is thy urge in us that would turn our nights, which are thine, into days which are thine also.

We cannot ask thee for aught, for thou knowest our needs before they are born in us:

Thou art our need; and in giving us more of thyself thou givest us all".

Infatti se doveste entrare nel tempio con la sola intenzione di chiedere non ricevereste nulla:
E se doveste entrare per umiliarvi non verreste innalzati:
O se doveste entrarvi per supplicare il bene altrui non verreste ascoltati.
È sufficiente che entriate nel tempio invisibile.

Non posso insegnarvi le parole per pregare.
Dio non ascolta mai le vostre parole, tranne quando è Lui stesso che ve le mette sulle labbra.
Ed io non posso insegnarvi la preghiera dei mari, delle montagne e delle foreste.
Ma voi che siete nati dalle montagne, dalle foreste e dai mari potete trovare nel vostro cuore le loro preghiere.
E se solo tenderete l'orecchio nella quiete della notte li udrete recitare nel silenzio:
"Dio nostro, che sei il nostro essere alato, noi vogliamo secondo la tua volontà.
Desideriamo secondo il tuo desiderio.
È il tuo comando che vorrebbe trasformare le nostre notti, che sono tue, in giorni che sono altrettanto tuoi.
Non possiamo chiederti nulla perché tu conosci le nostre necessità prima che queste si manifestino in noi:
Tu sei ciò di cui noi abbiamo sempre bisogno; e donandoci più di te stesso ci doni tutto".

Then a hermit, who visited the city once a year, came forth and said, Speak to us of Pleasure.

And he answered, saying:

Pleasure is a freedom-song,
But it is not freedom.
It is the blossoming of your desires,
But it is not their fruit.
It is a depth calling unto a height,
But it is not the deep nor the high.
It is the caged taking wing,
But it is not space encompassed.
Ay, in very truth, pleasure is a freedom-song.

And I fain would have you sing it with fullness of heart; yet I would not have you lose your hearts in the singing.

Some of your youth seek pleasure as if it were all, and they are judged and rebuked.

I would not judge nor rebuke them. I would have them seek.

For they shall find pleasure, but not her alone;

Seven are her sisters, and the least of them is more beautiful than pleasure.

Allora un eremita, che si recava in città una volta all'anno, si fece avanti e disse: Parlaci del Piacere.

Ed egli rispose:

Il piacere è un canto di libertà,
Ma non è la libertà.
È la fioritura dei vostri desideri,
Ma non è il loro frutto.
È un abisso che invoca un'altura,
Ma non è né la profondità né l'altezza.
È un uccello in gabbia che spicca il volo,
Ma non è lo spazio conquistato.
Sì, in verità il piacere è un canto di libertà.

E vorrei tanto che voi lo intonaste con tutto il cuore, tuttavia non vorrei che perdiate il cuore per cantarlo.

Alcuni dei vostri giovani ricercano il piacere come se questo fosse tutto e vengono giudicati e biasimati.

Io non li giudicherei, né li biasimerei. Li lascerei liberi di cercare.

Infatti troverebbero il piacere, ma non da solo,

Sette sono i suoi fratelli ed il minore è più bello del piacere.

Have you not heard of the man who was digging the earth for roots and found a treasure?

And some of your elders remember pleasures with regret like wrongs committed in drunkenness.

But regret is the beclouding of the mind and not its chastisement.

They should remember their pleasures with gratitude, as they would the harvest of a summer.

Yet if it comforts them to regret, let them be comforted.

And there are among you those who are neither young to seek nor old to remember;

And in their fear of seeking and remembering they shun all pleasures, lest they neglect the spirit or offend against it.

But even in their foregoing is their pleasure.

And thus they too find a treasure though they dig for roots with quivering hands.

But tell me, who is he that can offend the spirit?

Shall the nightingale offend the stillness of the night, or the firefly the stars?

And shall your flame or your smoke burden the wind?

Think you the spirit is a still pool which you can trouble with a staff?

Oftentimes in denying yourself pleasure you do but store the desire in the recesses of your being.

Who knows but that which seems omitted today, waits for to-morrow?

Even your body knows its heritage and its rightful need and will not be deceived.

And your body is the harp of your soul,

And it is yours to bring forth sweet music from it or confused sounds.

Non avete mai sentito narrare di quell'uomo che stava scavando la terra in cerca di radici e vi trovò un tesoro?

Ed alcuni dei vostri anziani ricordano il piacere con rimpianto come un peccato commesso a causa dell'ebbrezza.

Ma il rimpianto è l'offuscamento della mente non il suo castigo.

Dovrebbero ricordare il piacere con gratitudine come farebbero ricordando il raccolto di un'estate.

Tuttavia se il rimpianto li conforta, che si confortino.

E tra di voi vi sono alcuni che non sono più giovani per ricercare né anziani per ricordare;

E nella paura di ricercare o di ricordare, rifuggono da tutti i piaceri, temendo di trascurare o di offendere lo spirito.

Ma proprio in questo sta il loro piacere.

E così anche loro trovano un tesoro benché stiano scavando con mani tremanti in cerca di radici.

Ma ditemi chi può offendere lo spirito?

Forse che l'usignolo offende la quiete della notte o la lucciola il chiarore delle stelle?

Forse che la vostra fiamma od il vostro fumo appesantiscono il vento?

Pensate forse che lo spirito sia come uno stagno tranquillo da poter agitare con un bastone?

Spesso privandovi del piacere non fate altro che accumulare il desiderio nei recessi del vostro essere.

Chi può sapere se ciò che sembra tralasciato oggi, aspetterà il domani?

Anche il vostro corpo conosce la sua eredità ed il suo legittimo bisogno e non sarà ingannato.

Ed il corpo è l'arpa della vostra anima,

E sta a voi arricchirlo di dolci melodie o di suoni confusi.

And now you ask in your heart, "How shall we distinguish that which is good in pleasure from that which is not good?".

Go to your fields and your gardens, and you shall learn that it is the pleasure of the bee to gather honey of the flower,

But it is also the pleasure of the flower to yield its honey to the bee.

For to the bee a flower is a fountain of life,

And to the flower a bee is a messenger of love,

And to both, bee and flower, the giving and the receiving of pleasure is a need and an ecstasy.

People of Orphalese, be in your pleasures like the flowers and the bees.

Ed ora chiedetevi: "Come faremo nel piacere a distinguere il bene dal male?"

Tornate ai vostri campi ed ai vostri giardini ed imparerete che il piacere dell'ape sta nel cogliere il nettare dal fiore,

Ma pure per il fiore è un piacere concedere il proprio nettare all'ape.

Infatti per l'ape il fiore è sorgente di vita,

E per il fiore l'ape è un messaggero d'amore,

E per entrambi, l'ape ed il fiore, il dare ed il ricevere piacere è una necessità ed un'estasi.

Popolo di Orphalese, siate dunque nel piacere simili all'ape ed al fiore.

And a poet said, Speak to us of Beauty.

And he answered:

Where shall you seek beauty, and how shall you find her unless she herself be your way and your guide?

And how shall you speak of her except she be the weaver of your speech?

The aggrieved and the injured say, "Beauty is kind and gentle.

Like a young mother half-shy of her own glory she walks among us".

And the passionate say, "Nay, beauty is a thing of might and dread.

Like the tempest she shakes the earth beneath us and the sky above us".

The tired and the weary say, "Beauty is of soft whisperings. She speaks in our spirit.

Her voice yields to our silences like a faint light that quivers in fear of the shadow".

But the restless say, "We have heard her shouting among the mountains,

Ed un poeta disse: Parlaci della Bellezza.

Ed egli rispose:

Dove cercherete e come potrete trovare la bellezza, se questa non sarà il vostro sentiero e la vostra guida?

E come potrete parlarne, se questa non intesserà il vostro discorso?

L'afflitto e l'offeso dicono: "La bellezza è gentile e nobile.

Come una giovane madre confusa dalla sua stessa gloria cammina tra di noi".

Ed il passionale dice: "No, la bellezza è possente e temibile.

Come una tempesta scuote la terra sotto di noi ed il cielo sopra di noi".

Lo stanco e l'annoiato dicono: "La bellezza è spesso come un sussurro. Parla alla nostra anima.

La sua voce ferisce i nostri silenzi, come una luce debole che trema impaurita dall'ombra".

Ma l'irrequieto dice: "L'abbiamo sentita urlare sulle montagne,

And with her cries came the sound of hoofs, and the beating of wings and the roaring of lions".

At night the watchmen of the city say, "Beauty shall rise with the dawn from the east".

And at noontide the toilers and the wayfarers say, "We have seen her leaning over the earth from the windows of the sunset".

In winter say the snow-bound, "She shall come with the spring leaping upon the hills".

And in the summers heat the reapers say, "We have seen her dancing with the autumn leaves, and we saw a drift of snow in her hair".

All these things have you said of beauty,

Yet in truth you spoke not of her but of needs unsatisfied,

And beauty is not a need but an ecstasy.

It is not a mouth thristing nor an empty hand stretched forth,

But rather a heart inflamed and a soul enchanted.

It is not the image you would see nor the song you would hear,

But rather an image you see though you close your eyes and a song you hear though you shut your ears.

It is not the sap within the furrowed bark, nor a wing attached to a claw.

But rather a garden for ever in bloom and a flock of angels for ever in flight.

E con le sue grida ci è giunto anche un rumore di zoccoli, uno sbattere di ali ed un ruggito di leone".

Di notte i guardiani della città dicono: "La bellezza verrà con l'alba da oriente".
E nel meriggio i lavoratori ed i viandanti dicono: "L'abbiamo vista affacciarsi sulla terra dalle finestre del tramonto".

D'inverno chi è isolato dalla neve dice: "Verrà con la primavera saltellando di collina in collina".
E nella calura estiva i mietitori dicono: "L'abbiamo vista danzare con le foglie dell'autunno e nei suoi capelli abbiamo visto fiocchi di neve".
Tutte queste cose avete detto della bellezza,
Tuttavia non avete parlato di lei, ma di vostri bisogni insoddisfatti,
E la bellezza non è una necessità, ma un'estasi.
Non è una bocca assetata, né una mano vuota protesa,
Ma piuttosto un cuore infuocato ed un'anima incantata.
Non è l'immagine che vorreste vedere, né il canto che vorreste udire,
Ma piuttosto un'immagine che vedete anche ad occhi chiusi ed un canto che udite anche ad orecchie tappate.
Non è la linfa che scorre sotto la corteccia, né un'altra attaccata all'artiglio,
Ma piuttosto un giardino sempre in fioritura ed una schiera d'angeli sempre in volo.

People of Orphalese, beauty is life when life unveils her holy face.

But you are life and you are the veil.

Beauty is eternity gazing at itself in a mirror.

But you are eternity and you are the mirror.

Popolo di Orphalese, la bellezza è la vita stessa che rivela il suo sacro volto.

Ma voi siete la vita ed il velo.

La bellezza è l'eternità che si rimira allo specchio.

Ma voi siete l'eternità e lo specchio.

And an old priest said, Speak to us of Religion.

And he said:

Have I spoken this day of aught else?

Is not religion all deeds and all reflection,

And that which is neither deed nor reflection, but a wonder and a surprise ever springing in the soul, even while the hands hew the stone or tend the loom?

Who can separate his faith form his actions, or his belief from his occupations?

Who can spread his hours before him, saying, "This for God and this for myself; this for my soul and this other for my body?".

All your hours are wings that beat through space from self to self.

He who wears his morality but as his best garment were better naked.

The wind and the sun will tear no holes in his skin.

And he who defines his conduct by ethics imprisons his song-bird in a cage.

The freest song comes not through bars and wires.

And he to whom worshipping is a window, to open but

Ed un vecchio sacerdote disse: Parlaci della Religione.

Ed egli disse:

Ho forse oggi parlato di qualcos'altro?

Non è forse religione ogni atto ed ogni pensiero,

E ciò che non è né atto né pensiero non è forse altro che stupore e sorpresa che sgorgano sempre dall'anima, anche quando le mani spaccano la pietra o tendono il telaio?

Chi può separare la propria fede dalle proprie azioni o il proprio credo dal proprio lavoro?

Chi può distribuire le ore davanti a sé dicendo: "Questa è per Dio e questa è per me; questa per la mia anima e questa per il mio corpo"?

Tutte le vostre ore sono ali che si dibattono nello spazio passando da un essere all'altro.

Colui che indossa la propria moralità, come il vestito migliore farebbe bene a starsene nudo.

Il vento ed il sole squarceranno la sua pelle.

E colui che si comporta secondo i dettami dell'etica è come se imprigionasse il proprio uccello canterino in una gabbia.

Il canto più libero non passa attraverso sbarre e fili.

E colui per il quale l'adorazione è una finestra da aprire

also to shut, has not yet visited the house of his soul whose windows are from dawn to dawn.

Your daily life is your temple and your religion.

Whenever you enter into it take with you your all.

Take the plough and the forge and the mallet and the lute,

The things you have fashioned in necessity or for delight.

For in reverie you cannot rise above your achievements nor fall lower than your failures.

And take with you all men:

For in adoration you cannot fly higher than their hopes nor humble yourself lower than their despair.

And if you would know God, be not therefore a solver of riddles.

Rather look about you and you shall see Him playing with your children.

And look into space; you shall see Him walking in the cloud, outstretching His arms in the lighting and descending in rain.

You shall see Him smiling in flowers, then rising and waving His hands in trees.

ma anche da chiudere, non ha ancora visitato la dimora della sua anima le cui finestre sono aperte da alba ad alba.

La vostra vita quotidiana è il vostro tempio e la vostra religione.

Ogni volta che vi entrate portate con voi tutto voi stessi.

Portate l'aratro, la fucina, il martello ed il liuto,

Gli oggetti che avete costruito nella necessità e per piacere.

Infatti nella devozione non potete né innalzarvi al di sopra delle vostre conquiste né cadere più in basso dei vostri fallimenti.

E portate con voi tutti gli uomini:

Infatti nell'adorazione non potete volare più in alto delle loro speranze né umiliarvi oltre la loro disperazione.

E se volete conoscere Dio, non cercate di essere solutori di enigmi.

Piuttosto guardatevi intorno e Lo vedrete che gioca con i vostri figli.

Guardate il cielo; lo vedrete camminare su di una nuvola, stendere le Sue braccia nel lampo e scendere con la pioggia.

Lo vedrete sorridere nei fiori, per poi levarsi tra gli alberi a salutarvi con la mano.

Then Almitra spoke, saying, We would ask now of Death.

And he said:

You would know the secret of death.

But how shall you find it unless you seek it in the heart of life?

The owl whose night-bound eyes are blind unto the day cannot unveil the mystery of light.

If you would indeed behold the spirit of death, open your heart wide unto the body of life.

For life and death are one, even as the river and the sea are one.

In the depth of your hopes and desires lies your silent knowledge of the beyond;

And like seeds dreaming beneath the snow your heart dreams of spring.

Trust the dreams, for in them is hidden the gate to eternity.

Your fear of death is but the trembling of the shepherd when he stands before the king whose hand is to be laid upon him in honour.

Allora Almitra disse: Ora vorremmo chiederti della Morte.

Ed egli disse:

Voi vorreste conoscere il segreto della morte.

Ma come potrete trovarlo se non lo cercate nel cuore della vita?

Il gufo, i cui occhi amici della notte sono ciechi durante il giorno, non può svelare il mistero della luce.

Se volete proprio guardare in faccia allo spirito della morte, spalancate il cuore al corpo della vita.

Infatti la vita e la morte sono una cosa sola, come una cosa sola sono il fiume ed il mare.

Nel profondo delle vostre speranze e dei vostri desideri giace la vostra tacita conoscenza dell'aldilà;

E come semi che sognano sotto la neve, così il vostro cuore sogna la primavera.

Fidatevi dei sogni perché in loro si nasconde la porta dell'eternità.

La vostra paura della morte non è altro che il tremito che coglie il pastore di fronte al re quando questi posa su di lui la mano in segno di onore.

Is the shepherd not joyful beneath his thembling, that he shall wear the mark of the king?
Yet is he not more mindful of his trembling?

For what is it to die but to stand naked in the wind and to melt into the sun?
And what is it to cease breathing but to free the breath from its restless tides, that it may rise and expand and seek God unencumbered?

Only when you drink from the river of silence shall you indeed sing.
And when you have reached the mountain top, then you shall begin to climb.
And when the earth shall claim your limbs, then shall you truly dance.
And now it was evening.
And Almitra the seeress said, Blessed be this day and this place and your spirit that has spoken.
And he answered, Was it I who spoke?
Was I not also a listener?

Then he descended the steps of the Temple and all the people followed him. And he reached his ship and stood upon the deck.
And facing the people again, he raised his voice and said:
People of Orphalese, the wind bids me leave you.
Less hasty am I than the wind, yet I must go.
We wanderers, ever seeking the lonelier way, begin no day where we have ended another day; and no sunrise finds us where sunset left us.
Even while the earth sleeps we travel.

Non è forse felice il pastore, anche se tremante, di portare su di sé l'impronta regale?

Tuttavia non si preoccupa forse maggiormente del proprio tremore?

Infatti che cos'è morire se non restare nudi in balia del vento e sciogliersi al sole?

E che cos'è smettere di respirare se non liberare il respiro dalla schiavitù dell'incessante fluire, affinché possa levarsi e librarsi in cielo a cercare Dio in tutta libertà?

Solo quando berrete dal fiume del silenzio potrete cantare.

E quando avrete raggiunto la cima della montagna potrete iniziare ad arrampicarvi.

E quando la terra esigerà le vostre membra potrete danzare veramente.

E così si fece sera.

Ed Almitra la veggente disse: Siano benedetti questo giorno, questo luogo e questa anima che ha parlato.

Ed egli rispose: Forse che son stato a parlarvi?

Non ero anch'io un uditore?

Allora scese i gradini del tempio e tutta la gente lo seguì.

Raggiunse la sua nave e restò in piedi sul ponte.

E volgendosi nuovamente alle persone disse, alzando la voce:

Popolo di Orphalese, il vento m'impone di lasciarvi.

Io sono meno impaziente del vento ma è d'uopo andare.

Noi viandanti, sempre in cerca della via più solitaria, non iniziamo il giorno ove abbiamo terminato quello precedente; e non v'è alba che ci veda là ove ci lasciò il tramonto.

Anche quando la terra dorme noi viaggiamo.

We are the seeds of the tenacious plant, and it is in our ripeness and our fullness of heart that we are given to the wind and are scattered.

Brief were my days among you, and briefer still the words I have spoken.

But should my voice fade in your ears, and my love vanish in your memory, then I will come again,

And with a richer heart and lips more yielding to the spirit will I speak.

Yea, I shall return with the tide,

And though death may hide me, and the greater silence enfold me, yet again will I seek your understanding.

And not in vain will I seek.

If aught I have said is truth, that truth shall reveal itself in a clearer voice, and in words more kin to your thoughts.

I go with the wind, people of Orphalese, but not down into emptiness;

And if this day is not a fulfilment of your needs and my love, then let it be a promise till another day.

Man's needs change, but not his love, nor his desire that his love should satisfy his needs.

Know, therefore, that from the greater silence I shall return.

The mist that drifts away at dawn, leaving but dew in the fields, shall rise and gather into a cloud and then fall down in rain.

And not unlike the mist have I been.

In the stillness of the night I have walked in your streets, and my spirit has entered your houses,

And your heart-beats were in my heart, and your breath was upon my face, and I knew you all.

Siamo i semi della pianta tenace, e quando raggiungiamo la piena maturazione veniamo presi dal vento e dispersi.

Brevi furono i miei giorni fra di voi, ed ancora più brevi le parole che vi ho indirizzato.

Ma se mai la mia voce dovesse affievolirsi nelle vostre orecchie ed il mio amore perdersi nei ricordi, allora tornerò,

E con cuore più ricco e labbra più arrendevoli allo spirito vi parlerò.

Sì, tornerò con la marea,

E sebbene la morte potrà cogliermi ed il grande silenzio avvolgermi, ancora cercherò la vostra attenzione.

E non cercherò invano.

Se quello che ho detto è verità, allora quella verità si rivelerà con voce più limpida e con parole più comprensibili per voi.

Me ne vado con il vento popolo di Orphalese ma non sparisco nel nulla;

E se in questo giorno non vengono appagati i vostri bisogni ed il vostro amore, allora fate che questa sia la promessa per un altro giorno.

Le necessità dell'uomo mutano, ma non il suo amore, non il desiderio che il suo amore possa soddisfare le sue necessità.

Sappiate, quindi, che dal grande silenzio io ritornerò.

La bruma che all'alba si disperde lasciando solo rugiada nei campi, si leverà e si raccoglierà in nuvola per poi ricadere come pioggia.

Ed io non sono stato diverso dalla bruma.

Nella quiete della notte ho camminato per le vostre strade e la mia anima è entrata nelle vostre case,

Ed i battiti del vostro cuore li sentivo nel mio, ed il vostro respiro alitava sul mio viso, ed io vi conoscevo tutti indistintamente.

Ay, I knew your joy and your pain, and in your sleep your dreams were my dreams.

And oftentimes I was among you a lake among the mountains.

I mirrored the summits in you and the bending slopes, and even the passing flocks of your thoughts and your desires.

And to my silence came the laughter of your children in streams, and the longing of your youths in rivers.

And when they reached my depth the streams and the rivers ceased not yet to sing.

But sweeter still than laughter and greater than longing came to me.

It was the boundless in you;

The vast man in whom you are all but cells and sinews;

He in whose chant all your singing is but a soundless throbbing.

It is in the vast man that you are vast,

And in beholding him that I beheld you and loved you.

For what distances can love reach that are not in that vast sphere?

What visions, what expectations and what presumptions can outsoar that flight?

Like a giant oak tree covered with apple blossoms is the vast man in you.

His might binds you to the earth, his fragrance lifts you into space, and in his durability you are deathless.

You have been told that, even like a chain, you are as weak as your weakest link.

This is but half the truth. You are also as strong as your strongest link.

To measure you by your smallest deed is to reckon the power of ocean by the frailty of its foam.

Sì, conoscevo la vostra gioia ed il vostro dolore, e nel sonno i vostri sogni erano i miei.

E spesso ero tra di voi come un lago fra le montagne.

E riflettevo le vostre vette ed i vostri dolci pendii, e le greggi dei vostri desideri e delle vostre idee.

Ed al mio silenzio giungevano le risa dei vostri figli e come fiumi le aspirazioni ardenti dei vostri giovani.

E raggiunto il mio profondo le correnti dei fiumi non smettevano di cantare.

Ma mi giungevano ancora più dolci delle risa e più alte delle aspirazioni.

Era l'infinito che è in voi;

L'uomo immenso di cui non siete che cellule e nervi;

E nel cui salmodiare il vostro canto non è altro che un tacito singhiozzare.

È nell'uomo immenso che voi siete immensi,

Ed è guardando lui che io ho guardato ed amato voi.

Infatti a quali altre distanze, al di là di questa sfera immensa può giungere l'amore?

Quali visioni, quali attese e quali speranze possono librarsi più in alto di quel volo?

L'uomo immenso che è in voi è come una quercia gigantesca colma di fiori.

La sua forza vi lega alla terra, il suo profumo vi solleva nello spazio e nella sua continuità siete immortali.

Vi è stato detto che siete simili ad una catena e deboli come la sua maglia più debole.

Ma questa è una verità parziale. Siete anche forti come la sua maglia più resistente.

Misurarvi dalla vostra azione più meschina è come calcolare la forza dell'oceano dalla fragilità della sua schiuma.

To judge you by your failures is to cast blame upon the seasons for their inconstancy.

Ay, you are like an ocean,

And though heavy-grounded ships await the tide upon your shores, yet, even like an ocean, you cannot hasten your tides.

And like the seasons you are also,

And though in your winter you deny your spring,

Yet spring, reposing within you, smiles in her drowsiness and is not offended.

Think not I say these things in order that you may say the one to the other, "He praised us well. He saw but the good in us".

I only speak to you in words of that which you yourselves know in thought.

And what is word knowledge but a shadow of wordless knowledge?

Your thoughts and my words are waves from a sealed memory that keeps records of our yesterdays,

And of the ancient days when the earth knew not us nor herself,

And of nights when earth was upwrought with confusion.

Wise men have come to you to give you of their wisdom. I came to take of your wisdom:

And behold I have found that which is greater than wisdom.

It is a flame spirit in you ever gathering more of itself, While you, heedless of its expansion, bewail the withering of your days.

It is life in quest of life in bodies that fear the grave.

Giudicarvi dai vostri fallimenti è come biasimare le stagioni per la loro mutevolezza.

Sì, siete come l'oceano,
E, sebbene navi dal carico pesante attendano la marea sulle vostre sponde, voi, benché oceano, non potete affrettare la marea.
Siete pure come le stagioni,
E benché in inverno rinneghiate la primavera,
Tuttavia la primavera che riposa in voi, sorride sonnolenta e non si offende.
Non pensate che dica queste cose perché vi ripetiate l'un l'altro: "Ci ha molto lodato. Egli ha visto in noi solo il bene".
Vi ho solo detto a parole ciò che voi avete in mente.
E che cos'è la parola conoscenza se non un'ombra dell'inesprimibile conoscenza?
I vostri pensieri e le mie parole sono onde di una memoria sigillata che conserva i ricordi del nostro passato,
E dei giorni trascorsi quando la terra non conosceva ancora né noi, né se stessa,
E delle notti in cui la terra era sconvolta dal caos.

Dei savi sono venuti a portarvi la loro saggezza. Io sono venuto ad impossessarmi della vostra saggezza:
Ed ho trovato ciò che è ancor più grande della saggezza.
È la fiamma dello spirito che è in voi che si autoalimenta,
Mentre voi incuranti del suo crescere, lamentate il passare dei giorni.
È la vita in cerca di vita in corpi che tremano al pensiero della tomba.

There are no graves here.

These mountains and plains are a cradle and a stepping-stone.

Whenever you pass by the field where you have laid your ancestors look well thereupon, and you shall see yourselves and your children dancing hand in hand.

Verily you often make merry without knowing.

Others have come to you to whom for golden promises made unto your faith you have given but riches and power and glory.

Less than a promise have I given, and yet more generous have you been to me.

You have given me my deeper thirsting after life.

Surely there is no greater gift to a man than that which turns all his aims into parching lips and all life into a fountain.

And in this lies my honour and my reward,

That whenever I come to the fountain to drink I find the living water itself thirsty;

And it drinks me while I drint it.

Some of you have deemed me proud and overshy to receive gifts.

Too proud indeed am I to receive wages, but not gifts.

And though I have eaten berries among the hills when you would have had me sit at your board,

And slept in the portico of the temple when you would gladly have sheltered me,

Yet was it not your loving mindfulness of my days and my nights that made food sweet to my mouth and girdled my sleep with visions?

Non vi sono tombe qui.
Queste montagne e queste pianure sono una culla ed una pietra per il guado.
Ogni qual volta passate dal campo ove avete sepolto i vostri antenati, guardate con attenzione, e vi scorgerete voi stessi ed i vostri figli danzare mano nella mano.
In verità a volte fate festa inconsciamente.

Altri sono venuti a voi, ai quali in cambio di auree promesse fatte sulla vostra fede, avete reso solo ricchezze potere e gloria.
Vi ho dato meno di una promessa, ma voi siete stati più generosi con me.
Mi avete trasmesso un desiderio più profondo per la vita.
Certo che per un uomo non v'è regalo più grande che trasformare tutti i suoi desideri in labbra disidratate e tutta la sua vita in sorgente.
Ed in ciò sta il mio onore e la mia ricompensa:
Trovare la stessa acqua vivificatrice ed assetata ogni qual volta mi reco alla sorgente per dissetarmi,
E questa mi beve mentre io la bevo.

Alcuni di voi mi hanno giudicato presuntuoso o troppo schivo per ricevere doni.
Troppo presuntuoso di certo per ricevere compensi, ma non doni.
E benché mi sia nutrito di bacche sulle colline, quando mi avreste voluto alla vostra mensa,
E dormito sotto il portico del tempio, quando con gioia mi avreste offerto riparo,
Nonostante ciò non era forse la vostra amabile attenzione verso i miei giorni e le mie notti a rendere il cibo dolce alle mie labbra ed a circondare il mio sonno di visioni?

For this I bless you most:
You give much and know not that you give at all.
Verily the kindness that gazes upon itself in a mirror turns to stone,
And a good deed that calls itself by tender names becomes the parent to a curse.
And some of you have called me aloof, and drunk with my own aloneness,
And you have said, "He holds council with the trees of the forest, but not with men.
He sits alone on hill-tops and looks down upon our city".
True it is that I have climbed the hills and walked in remote places.
How could I have seen you save from a great height or a great distance?
How can one be indeed near unless he be far?

And others among you called unto me, not in words, and they said:
"Stranger, stranger, lover of unreachable heights, why dwell you among the summits where eagles build their nests?
Why seek you the unattainable?
What storms would you trap in your net,
And what vaporous birds do you hunt in the sky?
Come and be one of us.
Descend an appease your hunger with our bread and quench your thirst with our wine".
In the solitude of their souls they said these things;
But were their solitude deeper they would have known that I sought but the secret of your joy and your pain,
And I hunted only your larger selves that walk the sky.

Per queste ragioni vi benedico ancor di più:
Voi date molto e non vi rendete conto di dare.
In realtà la generosità che si rimira allo specchio diventa una pietra,
Ed una buona azione che si compiace di se stessa diventa parente della maledizione.
Ed alcuni di voi mi hanno giudicato arrogante ed ebbro della mia stessa solitudine,
E voi avete detto: "Tiene consiglio con gli alberi della foresta ma non con gli uomini.
Sta seduto tutto solo in cima alla collina ed osserva la città".
È vero che ho salito le colline ed ho vagato in luoghi appartati.
Ma come avrei potuto vedervi, se non da un'altezza elevata o da una grande distanza?
Come si può essere vicini se non si è lontani?

Ed altri di voi senza servirsi delle parole si sono rivolti a me in questo modo:
"Straniero, straniero, amante delle cime irraggiungibili, perché dimori sulle vette dove nidificano le aquile?
Perché cerchi l'impossibile?
Quali tempeste catturerai nella tua rete,
Quali chimere caccerai in cielo?
Vieni tra noi.
Scendi e sazia la tua fame con il nostro pane e placa la tua sete con il nostro vino".
Nella solitudine dell'anima hanno detto queste cose;
Ma se la loro solitudine fosse stata più profonda avrebbero capito che non cercavo altro che il segreto della gioia e del dolore,
E cercavo di catturare solo la vostra anima più vasta che cammina nel cielo.

But the hunter was also the hunted;

For many of my arrows left my bow only to seek my own breast.

And the flier was also the creeper;

For when my wings were spread in the sun their shadow upon the earth was a turtle.

And I the believer was also the doubter;

For often have I put my finger in my own wound that I might have the greater belief in you and the greater knowledge of you.

And it is with this belief and this knowledge that I say,

You are not enclosed within your bodies, nor confined to houses or fields.

That which is you dwells above the mountain and roves with the wind.

It is not a thing that crawls into the sun for warmth or digs holes into darkness for safety,

But a thing free, a spirit that envelops the earth and moves in the ether.

If these be vague words, then seek not to clear them.

Vague and nebulous is the beginning of all things, but not their end,

And I fain would have you remember me as a beginning.

Life, and all that lives, is conceived in the mist and not in the crystal.

And who knows but a crystal is mist in decay?

This would I have you remember in remembering me:

That which seems most feeble and bewildered in you is the strongest and most determined.

Is it not your breath that has erected and hardened the

Ma il cacciatore è stato anche la preda; infatti molti dei miei dardi hanno lasciato l'arco per ritornare al mio petto.

Ed il volatile è stato anche un rettile;

Infatti quando le mie ali si libravano in aria verso il sole la loro ombra sulla terra era una tartaruga.

Ed io il credente sono stato anche lo scettico;

Infatti spesse volte ho messo il dito nella mia piaga, per aver più fede in voi e per conoscervi meglio.

Ed è con questa fede e con questa conoscenza che dico,

Voi non siete chiusi nei vostri corpi, né confinati nelle case o nei campi.

Ciò che voi siete veramente dimora sulle montagne e vaga con il vento.

Non è un qualcosa che striscia al sole per scaldarsi, o che scava buche nell'oscurità per mettersi al sicuro,

Ma è qualcosa di libero, uno spirito che avvolge la terra e si muove nell'etere.

Se queste parole vi sembrano confuse, non state a cercarne una spiegazione.

L'inizio di tutte le cose è confuso e nebuloso, ma non la loro fine,

Ed io gradirei essere ricordato come un inizio.

La vita e tutto ciò che vive è concepito nella nebbia e non nel cristallo.

E chi ci dice che il cristallo non è nebbia in disfacimento?

Questo vorrei che voi ricordaste di me:

Ciò che sembra più debole e confuso in voi è il più resistente ed il più sicuro.

Non è forse il respiro che ha tenuto eretta e temprata la vostra struttura ossea?

structure of your bones?

And is it not a dream which none of you remember having dreamt, that builded your city and fashioned all there is in it?

Could you but see the tides of that breath you would cease to see all else,

And if you could hear the whispering of the dream you would hear no other sound.

But you do not see, nor do you hear, and it is well.

The veil that clouds your eyes shall be lifted by the hands that wove it,

And the clay that fills your ears shall be pierced by those fingers that kneaded it.

And you shall see.

And you shall hear.

Yet you shall not deplore having known blindness, nor regret having been deaf.

For in that day you shall know the hidden purposes in all things.

And you shall bless darkness as you would bless light.

After saying these things he looked about him, and he saw the pilot of his ship standing by the helm and gazing now at the full sails and now at the distance.

And he said:

Patient, over patient, is the captain of my ship.

The wind blows, and restless are the sails;

Even the rudder begs direction;

Yet quietly my captain awaits my silence.

And these my mariners, who have heard the choir of the greater sea, they too have heard me patiently.

Now they shall wait no longer.

E non è forse un sogno, che nessuno di voi ricorda di aver mai sognato, quello che ha costruito la vostra città e dato forma a tutto ciò che contiene?

Se solo vi fosse possibile vedere le maree di quel respiro non vedreste nient'altro,

E se vi fosse possibile udire il mormorio del sogno non percepireste più nessun altro suono.

Ma voi non vedete e non sentite, e questo per voi è un bene.

Il velo che vi copre gli occhi sarà sollevato dalle mani che lo tessero,

E l'argilla che vi tura le orecchie sarà perforata da quelle dita che la impastarono.

Ed allora vedrete.

Ed allora udrete.

Tuttavia non rimpiangerete la cecità né vi rammaricherete per la vostra sordità.

Poiché quel giorno verrete a conoscenza del filo nascosto di ogni cosa.

E benedirete l'oscurità come avreste benedetto la luce.

Dopo queste parole si guardò intorno e vide il navigatore in piedi vicino al timone che scrutava prima le vele gonfie e poi l'orizzonte.

Ed egli disse:

È paziente, troppo paziente, il capitano della mia nave.

Il vento soffia e le vele s'agitano;

Anche il timone chiede ansioso di conoscere la rotta;

Tuttavia il capitano tranquillo attende il mio silenzio.

M'hanno ora pazientemente ascoltato questi miei marinai che prima hanno ascoltato il coro del mare immenso.

Ora non attenderanno più.

I am ready.

The stream has reached the sea, and once more the great mother holds her son against her breast.

Fare you well, people of Orphalese.

This day has ended.

It is closing upon us even as the water-lily upon its own to-morrow.

What was given us here we shall keep,

And if it suffices not, then again must we come together and together stretch our hands unto the giver.

Forget not that I shall come back to you.

A little while, and my longing shall gather dust and foam for another body.

A little while, a moment of rest upon the wind, and another woman shall bear me.

Farewell to you and the youth I have spent with you.

It was but yesterday we met in a dream.

You have sung to me in my aloneness, and I of your longings have built a tower in the sky.

But now our sleep has fled and our dream is over, and it is no longer dawn.

The noontide is upon us and our half waking has turned to fuller day, and we must part.

If in the twilight of memory we should meet once more, we shall speak again together and you shall sing to me a deeper song.

And if our hands should meet in another dream we shall build another tower in the sky.

So saying he made a signal to the seamen, and straightway they weighed anchor and cast the ship loose from its moorings, and they moved eastward.

Sono pronto.

La corrente ha raggiunto il mare ed ancora una volta la grande madre stringe al petto il figlio.

Addio, popolo di Orphalese.

La giornata è giunta al termine.

Si chiude su di noi come il giglio acquatico sul proprio domani.

Conserveremo ciò che ci è stato dato qui.

E se ciò non bastasse allora ci ritroveremo per tendere le mani verso il donatore.

Non dimenticate che tornerò.

Tra poco, ed il mio desiderio raccoglierà polvere e schiuma per un altro corpo.

Tra poco, un momento di quiete nel vento, ed un'altra donna mi partorirà.

Addio a voi ed alla giovinezza che con voi ho trascorso.

Solo ieri ci siamo incontrati in sogno.

Nella mia solitudine avete cantato per me, ed io con i vostri desideri ho costruito una torre in cielo.

Ma ora il sonno se n'è andato ed il sognar è svanito, or non è più l'alba.

Il meriggio incalza ed il nostro dormiveglia si è trasformato nella pienezza del risveglio ed è ormai l'ora di separarci.

Se nel crepuscolo della memoria ci dovessimo reincontrare, parleremo ancora e voi intonerete un canto più profondo.

E se le nostre mani si dovessero incontrare in un altro sogno costruiremo una nuove torre in cielo.

Così dicendo fece un cenno ai marinai che subito levarono l'áncora, sciolsero gli ormeggi e salparono verso oriente.

And a cry came from the people as from a single heart, and it rose into the dusk and was carried out over the sea like a great trumpeting.

Only Almitra was silent, gazing after the ship until it had vanished into the mist.

And when all the people were dispersed she still stood alone upon the sea-wall, remembering in her heart his saying:

"A little while, a moment of rest upon the wind, and another woman shall bear me".

Un grido venne emesso dalla gente come da un sol cuore, si levò nel crepuscolo e si propagò nell'aria come uno squillo di tromba.

Solo Almitra tacque, seguendo con lo sguardo la nave sino a che non scomparve nella nebbia.

E quando tutti si furono allontanati, lei da sola stette lì sul molo riflettendo sulle sue parole:

"Tra poco, un momento di quiete nel vento, ed un'altra donna mi partorirà".

# IL GIARDINO DEL PROFETA

Almustafa, the chosen and the beloved, who was a noon unto his own day, returned to the isle of his birth in the month of Tichreen, which is the month of remembrance.

And as his ship approached the harbour, he stood upon its prow, and his mariners were about him. And there was a home-coming in his heart.

And he spoke, and the sea was in his voice, and he said: "Behold, the isle of our birth. Even here the earth heaved us, a song and a riddle; a song unto the sky, a riddle unto the earth; and what is there between earth and sky that shall carry the song and solve the riddle save our own passion?

"The sea yields us once more to these shores. We are but another wave of her waves. She sends us forth to sound her speech, but how shall we do so unless we break the symmetry of our heart on rock and sand?

"For this is the law of mariners and the sea: If you would freedom, you must needs turn to mist. The formless is for ever seeking form, even as the countless nebulæe would become suns and moons; and we who have sought much and return now to this isle, rigid moulds, we must become

Almustafà, l'eletto e l'amato, che era al meriggio del suo giorno, ritornò all'isola natia nel mese di Tichreen, il mese delle rimembranze.

E mentre la nave si avvicinava al porto, egli stava ritto a prua attorniato dai suoi marinai. Ed il suo cuore esultava per il ritorno a casa.

Ed egli parlò e con il mare nella voce disse: "Guardate, la nostra isola natia. È qui che la terra ci generò, un canto ed un enigma; un canto al cielo ed un enigma alla terra; e che cosa v'è tra il cielo e la terra che può portare il canto a risolvere l'enigma se non la nostra passione?

"Il mare ci consegna ancora una volta a queste sponde. Non siamo che un'onda fra le onde. Egli ci spinge avanti a far da eco alle sue parole, ma come potremo se prima non infrangiamo la simmetria del nostro cuore sulla roccia o sulla sabbia?

"Poiché questa è la legge del marinaio e del mare: Se aspirate alla libertà dovete per forza tornare alla nebbia. L'informe cerca incessantemente la forma, come le innumerevoli nebulose vorrebbero diventare soli e lune; e noi che a lungo abbiamo cercato ed ora facciamo ritorno a questa isola, quali rigidi stampi, dobbiamo diventare nuovamente

mist once more and learn of the beginning. And what is there that shall live and rise unto the heights except it be broken unto passion and freedom?

"For ever shall we be in quest of the shores, that we may sing and be heard. But what of the wave that breaks where no ear shall hear? It is the unheard in us that nurses our deeper sorrow. Yet it is also the unheard which carves our soul to form and fashions our destiny".

Then one of his mariners came forth and said: "Master, you have captained our longing for this harbour, and behold, we have come. Yet you speak of sorrow, and of hearts that shall be broken".

And he answered him and said: "Did I not speak of freedom, and of the mist which is our greater freedom? Yet it is in pain I make pilgrimage to the isle where I was born, even like unto a ghost of one slain come to kneel before those who have slain him".

And another mariner spoke and said: "Behold, the multitudes on the sea-wall. In their silence they have foretold even the day and the hour of your coming, and they have gathered from their fields and vineyards in their loving need, to await you".

And Almustafa looked afar upon the multitudes, and his heart was mindful of their yearning, and he was silent.

Then a cry came from the people, and it was a cry of remembrance and of entreaty.

And he looked upon his mariners and said: "And what have I brought them? A hunter was I, in a distant land. With aim and might I have spent the golden arrows they gave me, but I have brought down no game. I followed not the arrows. Mayhap they are spreading now in the sun with the pinions of wounded eagles that would not fall to earth.

nebbia e reimparare tutto dall'inizio. E che cosa vivrà e si leverà verso l'alto se prima non verrà spezzato in passione e libertà?

"Poiché per l'eternità cercheremo nuovi lidi per poter cantare ed essere ascoltati. Ma che ne sarà dell'onda che si infrange dove nessuno la sente? È l'inascoltato che è in noi che si prende cura del nostro dolore più profondo. Tuttavia è sempre l'inascoltato che scolpisce la nostra anima per darle forma e costruisce il nostro destino".

Allora uno dei marinai si fece avanti e disse: "Maestro hai guidato il nostro desiderio di tornare a questi lidi e, guarda, siamo arrivati. Ma ancora ci parli di dolore e di cuori che verranno infranti".

Ed egli rispose, dicendo: "Non ho forse parlato di libertà e di nebbia che è la nostra libertà più grande? Tuttavia addolorato mi reco in pellegrinaggio all'isola natia, così come il fantasma di un assassinato si prostra ai piedi di coloro che l'hanno ucciso".

Ed un altro marinaio parlò e disse: "Guarda le moltitudini sul molo. Nel loro silenzio hanno persino previsto il giorno e l'ora del tuo ritorno, son venuti dai campi e dalle vigne spinti ad aspettarti dalla loro affettuosità bisognosa".

Ed Almustafà guardò le moltitudini lontane, e conscio dei loro desideri non proferì parola.

Poi dalla folla si levò un grido, che era assieme grido di ricordo e di invocazione.

Ed egli guardò i marinai e disse: "Che cosa mai ho portato loro? Sono stato a cacciare in una terra lontana. Intenzionalmente e con forza ho scoccato le auree frecce che mi avevano dato, ma non ho con me nessuna preda. Non ho seguito le frecce. Forse stanno ancora volando nel sole con ali di aquile ferite che non vogliono cadere a terra.

And mayhap the arrow-heads have fallen into the hands of those who had need of them for bread and wine.

"I know not where they have spent their flight, but this I know: they have made their curve in the sky.

"Even so, love's hand is still upon me, and you, my mariners, still sail my vision, and I shall not be dumb. I shall cry out when the hand of the seasons is upon my throat, and I shall sing my words when my lips are burned with flames".

And they were troubled in their hearts because he spoke these things. And one said: "Master, teach us all, and mayhap because your blood flows in our veins, and our breath is of your fragrance, we shall understand".

Then he answered them, and the wind was in his voice, and he said: "Brought you me to the isle of my birth to be a teacher? Not yet have I been caged by wisdom. Too young am I and too verdant to speak of aught but self, which is for ever the deep calling upon the deep.

"Let him who would have wisdom seek it in the buttercup or in a pinch of red clay. I am still the singer. Still I shall sing the earth, and I shall sing your lost dreaming that walks the day between sleep and sleep. But I shall gaze upon the sea".

And now the ship entered the harbour and reached the sea-wall, and he came thus to the isle of his birth and stood once more amongst his own people. And a great cry arose from their hearts so that the loneliness of his home-coming was shaken within him.

And they were silent awaiting his word, but he answered them not, for the sadness of memory was upon him, and he said in his heart: "Have I said that I shall sing? Nay, I can but open my lips that the voice of life may come forth and go out to the wind for joy and support".

E forse le loro punte sono cadute in mano a coloro che ne avevano bisogno per procacciarsi il pane e il vino.

"Non so dove abbiano diretto il loro volo, ma di una cosa sono sicuro: hanno tracciato la loro parabola nel cielo.

"Eppure, la mano dell'amore è sempre su di me, e voi, miei marinai, navigate ancora nella mia visione ed io ancora parlerò. Griderò quando la mano delle stagioni mi chiuderà la bocca e canterò le mie parole quando le mie labbra arderanno".

Ed essi vennero profondamente turbati dalle sue parole. Ed uno di loro disse: "Maestro, insegnaci tutto; solo allora forse, siccome il tuo sangue scorre nelle nostre vene ed il nostro respiro emana il tuo profumo, capiremo le tue parole".

Ed egli rispose loro e con il vento nella voce disse: "Mi avete ricondotto all'isola natia per fare l'insegnante? La saggezza non mi ha ancora ingabbiato. Sono troppo giovane e troppo inesperto per parlare d'altro che di me stesso, cioè della eterna chiamata del profondo al profondo.

"Chi vuole possedere la saggezza lasciate che la cerchi nel ranuncolo o in una manciata di argilla rossa. Sono sempre un cantore. Canterò ancora la terra e canterò il vostro sogno perduto che attraversa il giorno tra un sonno e l'altro. Ma fisserò il mare".

E la nave entrò in porto, raggiunse il molo e così egli arrivò all'isola natia per stare di nuovo fra la sua gente. Ed un boato si levò dai loro cuori, tanto che la solitudine del suo ritorno si ruppe dentro di lui.

Ed essi silenziosi attesero una sua parola, ma egli tacque colto dalla tristezza dei ricordi e disse nel suo intimo: "Ho forse detto che avrei cantato? No, posso solo spalancare le labbra e farne uscire la voce della vita affinché si dissolva nel vento a gioia e sostegno".

Then Karima, she who had played with him, a child, in the Garden of his mother, spoke and said: "Twelve years you hidden your face from us and for twelve years have we hungered and thirsted for your voice".

And he looked upon her with exceeding tenderness, for it was she who had closed the eyes of his mother when the white wings of death had gathered her.

And he answered and said: "Twelve years? Said you twelve years, Karima? I measured not my longing with the starry rod, nor did I sound the depth thereof. For love when love is homesick exhausts time's measurements and time's soundings.

"There are moments that hold æons of separation. Yet parting is naught but an exhaustion of the mind. Perhaps we have not parted".

And Almustafa looked upon the people, and he saw tham all, the youth and the aged, the stalwart and the puny, those who were ruddy with the touch of wind and sun, and those also who were of pallid countenance; and upon their face a light of longing and of questioning.

And one spoke and said: "Master, life has dealt bitterly with our hopes and our desires. Our hearts are troubled, and we do not understand. I pray you, comfort us, and open to us the meanings of our sorrows".

And his heart was moved with compassion, and he said: "Life is older than all things living; even as beauty was wingèd ere the beautiful was born on earth, and even as truth was truth ere it was uttered.

"Life sings in our silences, and dreams in our slumber. Even when we are beaten and low, Life is enthroned and is free even when we drag our chains.

"Oftentimes we call Life bitter names, but only when we ourselves are bitter and dark. And we deem her empty and

Allora Karima, che aveva giocato con lui bambino nel Giardino di sua madre, parlò e disse: "Ci hai negato il tuo volto per dodici anni e per dodici anni abbiamo bramato di riudire la tua voce".

La guardò con tenerezza estrema, poiché era stata lei a chiudere gli occhi di sua madre quando la raccolsero le bianche ali della morte.

Ed egli rispose: "Dodici anni? Hai detto dodici anni, Karima? Non ho misurato la mia nostalgia con l'astrolabio, né ne ho sondato la profondità. Poiché l'amore quando è amore per la terra natia annulla ogni unità di misura e di tempo.

"Ci sono attimi che valgono secoli di separazione. Ma la separazione altro non è che un mancamento della mente. Forse noi non ci siamo nemmeno separati".

Ed Almustafà guardò quella gente e li vide tutti: il giovane e l'anziano, il coraggioso ed il debole, quelli rossi in viso per il vento ed il sole e quelli pallidi; e sui loro volti rilucevano desideri e domande.

Ed uno di loro parlò e disse: "Maestro, la vita ha fatto un cattivo uso delle nostre speranze e dei nostri desideri. I nostri cuori sono confusi e noi non riusciamo a capire. Ti prego confortaci e spiegaci il significato delle nostre sofferenze".

Il suo cuore sentì compassione ed egli disse: "La Vita è nata prima di tutti gli esseri viventi; come la bellezza era alata ancor prima che il bello apparisse sulla terra; e come la verità era verità ancor prima d'essere pronunciata.

"La Vita canta nei nostri silenzi e sogna quando ci assopiamo. Anche quando siamo sconfitti ed umiliati la Vita domina dall'alto del Suo trono ed è libera anche quando ci trasciniamo in catene.

"Di sovente diamo alla Vita appellativi spiacevoli, ma solo se noi stessi siamo tristi e rabbuiati. E la giudichiamo

unprofitable, but only when the soul goes wandering in desolate places, and the heart is drunken with overmindfulness of self.

"Life is deep and high and distant; and though only your vast vision can reach even her feet, yet she is near; and though only the breath of your breath reaches her heart, the shadow of your shadow crosses her face, and the echo of your faintest cry becomes a spring and an autumn in her breast.

"And Life is veiled and hidden, even as your greater self is hidden and veiled. Yet when Life speaks, all the winds become words; and when she speaks again, the smiles upon your lips and the tears in your eyes turn also into words. When she sings, the deaf hear and are held; and when she comes walking, the sightless behold her and are amazed and follow her in wonder and astonishment".

And he ceased from speaking, and a vast silence enfolded the people, and in the silence there was an unheard song, and they were comforted of their loneliness and their aching.

vuota ed inutile, ma solo quando la nostra anima erra per luoghi desolati ed il nostro cuore è ebbro per le eccessive preoccupazioni.

"La Vita è profonda, alta e distante; e sebbene la vostra vista acuta possa arrivare solo ai suoi piedi Lei è vicina; e sebbene solo il respiro del vostro respiro possa raggiungere il Suo cuore, l'ombra della vostra ombra passa sul Suo viso e l'eco del vostro grido più debole diventa una primavera ed un autunno sul suo petto.

"E la Vita è velata e nascosta, come la vostra essenza più grande è velata e nascosta. Tuttavia quando la Vita parla, tutti i venti si fanno parole; e quando parla di nuovo i sorrisi sulle vostre labbra e le lacrime nei vostri occhi diventano a loro volta parole. Quando canta i sordi ascoltano attentamente; e quando sopraggiunge i ciechi la guardano stupiti e la seguono con curiosità e meraviglia".

Smise di parlare ed un profondo silenzio coprì la gente, e nel silenzio aleggiava un canto impercettibile, ed essi trovarono conforto alla loro solitudine ed al loro dolore.

And he left them straightway and followed the path which led to his Garden, which was the Garden of his mother and his father, wherein they lay asleep, they and their forefathers.

And there were those who would have followed after him, seeing that it was a home-coming, and he was alone, for there was not one left of all his kin to spread the feast of welcome, after the manner of his people.

But the captain of his ship counselled them saying: "Suffer him to go upon his way. For his bread is the bread of aloneness, and in his cup is the wine of remembrance, which he would drink alone".

And his mariners held their steps, for they knew it was even as the captain of the ship had told them. And all those who gathered upon the seawall restrained the feet of their desire.

Only Karima went after him, a little way, yearning over his aloneness and his memories. And she spoke not, but turned and went unto her own house, and in the garden under the almondtree she wept, yet knew not wherefore.

Li lasciò immediatamente e si diresse verso il suo Giardino, che era il Giardino di suo padre e di sua madre, ove ora riposavano con i loro antenati.

Alcuni l'avrebbero seguito, perché si trattava di un ritorno a casa ed a lui non era rimasto alcun parente che potesse preparargli la festa di bentornato, come era usanza tra la sua gente.

Ma il capitano della nave li consigliò dicendo: "Lasciatelo andar solo. Poiché il suo pane è il pane della solitudine e nel suo calice v'è il vino dei ricordi che vuole bere da solo".

Ed i marinai non andarono oltre, poiché sapevano che quanto detto dal capitano era la verità. E tutti coloro che si erano raccolti sul molo lasciarono cadere il desiderio di seguirlo.

Solo Karima lo seguì per un breve tratto desiderosa di condividerne solitudine e ricordi. Senza parlare poi si voltò e tornò a casa, dove nel giardino sotto il mandorlo pianse senza conoscerne il motivo.

And Almustafa came and found the Garden of his mother and his father, and he entered in, and closed the gate that no man might come after him.

And for forty days and forty nights he dwelt alone in that house and that Garden, and none came, not even unto the gate, for it was closed, and all the people knew that he would be alone.

And when the forty days and nights were ended, Almustafa opened the gate that they might come in.

And there came nine men to be with him in the Garden; three mariners from his own ship; three who had served in the Temple; and three who had been his comrades in play when they were but children together. And these were his disciples.

And on a morning his disciples sat around him, and there were distances and remembrances in his eyes. And that disciple who was called Hafiz said unto him: "Master, tell us of the city of Orphalese, and of that land wherein you tarried those twelve years".

And Almustafa was silent, and he looked away toward the hills and toward the vast ether, and there was a battle in his silence.

Ed Almustafà giunse a casa e ritrovò il Giardino di sua madre e di suo padre, entrò e chiuse il cancello affinché nessuno potesse seguirlo.

E per quaranta giorni e per quaranta notti stette da solo in quella casa ed in quel Giardino, nessuno osò spingersi sino al cancello, poiché questo era chiuso e tutti sapevano che desiderava starsene da solo.

Finiti i quaranta giorni e le quaranta notti, Almustafà aprì il cancello perché potessero entrare.

Ed arrivarono nove uomini che si trattennero con lui nel Giardino; tre erano marinai della sua nave; tre avevano servito al tempio; e tre erano stati suoi compagni di giochi nell'infanzia. E costoro divennero i suoi discepoli.

Ed un mattimo i suoi discepoli si sedettero attorno a lui, e nei suoi occhi v'eran lontananza e ricordi. Il discepolo di nome Hafiz gli disse: "Maestro parlaci della città di Orphalese e di quella terra ove hai trascorso questi ultimi dodici anni".

Ed Almustafà tacque, volse lo sguardo alle colline ed all'immensità dell'etere, mentre nel suo silenzio si svolgeva una lotta.

Then he said: "My friends and my road-fellows, pity the nation that is full of beliefs and empty of religion.

"Pity the nation that wears a cloth it does not weave, eats a bread it does not harvest, and drinks a wine that flows not from its own winepress.

"Pity the nation that acclaims the bully as hero, and that deems the glittering conqueror bountiful.

"Pity a nation that despises a passion in its dream, yet submits in its awakening.

"Pity the nation that raises not its voice save when it walks in a funeral, boasts not except among its ruins, and will rebel not save when its neck is laid between the sword and the block.

"Pity the nation whose statesman is a fox, whose philosopher is a juggler, and whose art is the art of patching and mimicking.

"Pity the nation that welcomes its new ruler with trumpetings, and farewells him with hootings, only to welcome another with trumpetings again.

"Pity the nation whose sages are dumb with years and whose strong men are yet in the cradle.

"Pity the nation divided into fragments, each fragment deeming itself a nation".

Poi disse: "Amici e compagni di viaggio, abbiate pietà per la nazione che è colma di credi e vuota di religione.

"Abbiate pietà per la nazione che indossa un abito che non ha tessuto, che mangia un pane che non ha mietuto, che beve vino che non è sgorgato dal suo torchio.

"Abbiate pietà per la nazione che esalta come un eroe il prepotente, che giudica generoso il conquistatore vittorioso.

"Abbiate pietà per la nazione che disprezza la passione nel sogno e poi al risveglio vi si sottomette.

"Abbiate pietà per la nazione che non alza la voce se non di fronte ad un funerale, che si gloria solo tra le rovine e si rivolterà solo quando la sua testa sarà ormai posta tra l'incudine ed il martello.

"Abbiate pietà per la nazione il cui governante è una volpe, il cui filosofo è un imbroglione, e la cui arte è l'arte del rattoppo e della parodia.

"Abbiate pietà per la nazione che dà il benvenuto al nuovo sovrano con squilli di tromba e lo depone con fischi, solo per accoglierne un altro con squilli di tromba.

"Abbiate pietà per la nazione i cui saggi sono resi muti dagli anni ed i cui uomini forti sono ancora nella culla.

"Abbiate pietà per la nazione divisa in tante parti ognuna delle quali si reputa una nazione".

And one said: "Speak to us of that which is moving in your own heart even now".

And he looked upon that one, and there was in his voice a sound like a star singing, and he said: "In your waking dream, when you are hushed and listening to your deeper self, your thoughts, like snowflakes, fall and flutter and garment all the sounds of your spaces with white silence.

"And what are waking dreams but clouds that bud and blossom on the sky-tree of your heart? And what are your thoughts but the petals which the winds of your heart scatter upon the hills and its fields?

"And even as you wait for peace until the formless within you takes form, so shall the cloud gather and drift until the Blessed Fingers shape its grey desire to little crystal suns and moons and stars".

Then Sarkis, he who was the half-doubter, spoke and said: "But spring shall come, and all the snows of our dreams and our thoughts shall melt and be no more".

Ed allora uno dei discepoli disse: "Parlaci di ciò che si agita nel tuo cuore in questo momento".

Egli lo guardò, e nella sua voce v'era come un canto di stelle, e disse: "Quando sognate ad occhi aperti e ve ne state zitti ad ascoltare il vostro io più profondo, i vostri pensieri, come fiocchi di neve, cadono, ondeggiano e rivestono tutti i suoni con un manto di candido silenzio.

"E cosa sono i sogni ad occhi aperti se non nuvole che germogliano e fioriscono sull'albero celeste del vostro cuore? E cosa sono i vostri pensieri se non petali che i venti del vostro cuore disperdono su colline e campi?

"E come voi attendete la pace fino al momento in cui ciò che è informe in voi prenderà forma, così la nuvola si addenserà e vagherà nel cielo fino a che le Sacre Dita non plasmeranno in piccoli soli, lune e stelle di cristallo il suo grigio desiderio".

Allora Sarkis, discepolo un po' scettico parlò e disse: "Ma la primavera giungerà e le nevi dei nostri sogni e dei nostri pensieri si scioglieranno sino a scomparire".

And he answered saying: "When Spring comes to seek His beloved among the slumbering groves and vineyards, the snows shall indeed melt and shall run in streams to seek the river in the valley, to be the cupbearer to the myrtle--trees and laurel.

"So shall the snow of your heart melt when your Spring is come, and thus shall your secret run in streams to seek the river of life in the valley. And the river shall enfold your secret and carry it to the great sea.

"All things shall melt and turn into songs when Springs comes. Even the stars, the vast snowflakes that fall slowly upon the larger fields, shall melt into singing streams. When the sun of His face shall arise above the wider horizon, then what frozen symmetry would not turn into liquid melody? And who among you would not be the cup-bearer to the myrtle and the laurel?

"It was but yesterday that you were moving with the moving sea, and you were shoreless and without a self. Then the wind, the breath of Life, wove you, a veil of light on her face; then her hand gathered you and gave you form, and with a head held high you sought the heights. But the sea followed after you, and her song is still with you. And though you have forgotten your parentage, she will for ever assert her motherhood, and for ever will she call you unto her.

"In your wanderings among the mountains and the desert you will always remember the depth of her cool heart. And though oftentimes you will not know for what you long, it is indeed for her vast and rhythmic peace.

"And how else can it be? In grove and in bower when the rain dances in leaves upon the hill, when snow falls, a blessing and a covenant; in the valley when you lead your flocks to the river; in your fields where brooks, like silver streams, join together the green garment; in your gardens when the

Ed egli rispose: "Quando la Primavera viene a cercare tra i boschi e le vigne addormentate il suo amato, le nevi si scioglieranno e scorreranno a torrenti in cerca del fiume a valle, per diventare coppieri del mirto e dell'alloro.

"Così si scioglierà la neve del vostro al sopraggiungere della primavera, e così il vostro segreto scorrerà a torrenti in cerca del fiume a valle. Ed il fiume avvolgerà il vostro segreto per poi consegnarlo al grande mare.

"Tutto si scioglierà e si trasformerà in canto al sopraggiungere della Primavera. Anche le stelle, come immensi fiocchi di neve che si posano lentamente sui vasti campi, si scioglieranno in torrenti pieni di canto. Quando il sole del Suo volto sorgerà all'orizzonte, quale glaciale uniformità non si trasformerà in liquida melodia? E chi di voi non desidererebbe fare da coppiere al mirto ed all'alloro?

"Solo ieri vi muovevate con il mare mosso e non conoscevate approdo ed identità. Poi il vento, il soffio vitale, vi ha tessuti, come un velo di luce sul volto della Vita; poi la sua mano vi ha raccolti e plasmati ed a testa alta avete sondato le somme verità. Ma il mare vi ha inseguiti ed il suo canto è ancora in voi. E sebbene abbiate dimenticato le vostre origini, egli confermerà la sua maternità e per sempre vi chiamerà a sé.

"Quando vagherete per monti e deserti ricorderete sempre la profonda freschezza del suo cuore. E sebbene di sovente non conoscerete i vostri desideri, anelerete sempre la sua immensa e ritmica pace.

"E che altro può essere? Nei boschi e sotto i pergolati, quando la pioggia danza sulle foglie in cima alle colline, quando la neve cade, come una benedizione ed un patto solenne; nella vallata quando conducete il gregge al fiume; nei campi dove ruscelli scorrono argentei fra il verde manto;

early dews mirror the heavens; in your meadows when the mist of evening half veils your way; in all these the sea is with you, a witness to your heritage, and a claim upon your love.

"It is the snow-flake in you running down to the sea".

nei vostri giardini quando la rugiada del mattino rispecchia i colori del cielo; nei vostri prati quando la bruma della sera copre in parte il vostro sentiero; in tutto ciò il mare è con voi, un testimone alla vostra eredità ed una rivendicazione del vostro amore.

"È il fiocco di neve che è in voi che fluisce verso il mare".

And on a morning as they walked in the Garden, there appeared before the gate a woman, and it was Karima, she whom Almustafa had loved even as a sister in his boyhood. And she stood without, asking nothing, nor knocking with her hand upon the gate, but only gazing with longing and sadness into the Garden.

And Almustafa saw the desire upon her eyelids, and with swift steps he came to the wall and the gate and opened unto her, and she came in and was made welcome.

And she spoke and said: "Wherefore have you withdrawn yourself from us altogether, that we may not live in the light of your countenance? For behold, these many years have we loved you and waited with longing for your safe return. And now the people cry for you and would have speech with you; and I am their messenger come to beseech you that you will show yourself to the people, and speak to them out of your wisdom, and comfort the broken of heart and instruct our foolishness".

And looking upon her, he said: "Call me not wise unless you call all men wise. A young fruit am I, still clinging to the branch, and it was only yesterday that I was but a blossom.

Ed una mattina mentre camminavano nel Giardino, comparve al cancello una donna, era Karima, colei che Almustafà aveva amato come una sorella nella sua infanzia. La donna rimase fuori, senza chiedere nulla, senza spingere il cancello, fissando il Giardino con brama e tristezza.

Ed Almustafà vide il desiderio nei suoi occhi ed a passo veloce andò al muro ed al cancello e le aprì, lei entrò e ricevette il benvenuto.

Lei parlò e disse: "Perché ti sei isolato così che siamo privati della luce della tua presenza? Sappi che in tutti questi anni non abbiamo smesso di amarti ed abbiamo atteso ardentemente che tu tornassi sano e salvo. Ed ora la gente ti chiama e vorrebbe parlarti. Sono il loro messaggero venuto ad implorare la tua presenza per trasmettere loro la tua saggezza, per confortare il cuore infranto ed istruire la nostra follia".

La guardò e disse: "Non chiamarmi saggio se così non chiami tutti gli uomini. Sono un giovane frutto, ancora appeso al ramo, e solo ieri ero ancora un fiore.

"E non dare del folle a nessuno di voi, poiché in realtà nessuno di noi è savio o folle. Siamo verdi foglie sull'albero della vita e la vita stessa è aldilà della saggezza e certamente aldilà della follia.

"And call none among you foolish, for in truth we are neither wise nor foolish. We are green leaves upon the tree of life, and life itself is beyond wisdom, and surely beyond foolishness.

"And have I indeed withdrawn myself from you? Know you not that there is no distance save that which the soul does not span in fancy? And when the soul shall span that distance, it becomes a rhythm in the soul.

"The space that lies between you and your near neighbour unbefriended is indeed greater than that which lies between you and your beloved who dwells beyond seven lands and seven seas.

"For in remembrance there are no distances; and only in oblivion is there a gulf that neither your voice nor your eye can abridge.

"Between the shores of the oceans and the summit of the highest mountain there is a secret road which you must needs travel ere you become one with the sons of earth.

"And between your knowledge and your understanding there is a secret path which you must needs discover ere you become one with man, and therefore one with your-self.

"Between your right hand that gives and your left hand that receives there is a great space. Only by deeming them both giving and receiving can you bring them into spacelessness, for it is only in knowing that you have naught to give and naught to receive that you can overcome space.

"Verily the vastest distance is that which lies between your sleep-vision and your wakefulness; and between that which is but a deed and that which is a desire.

"And there is still another road which you must needs travel ere you become one with Life. But of that road I shall not speak now, seeing that you are weary already of travelling".

"E perché dici che mi sono isolato da voi? Non sai che non esiste distanza se non quella che l'anima non riesce a colmare con la fantasia? E quando l'anima colmerà quella distanza diventerà una melodia dell'anima.

"Lo spazio che sta tra voi ed il vostro vicino col quale non siete in buoni rapporti è certamente maggiore di quello che sta tra voi ed il vostro amato che si trova sette terre e sette mari lontano.

"Poiché nel ricordo non esistono distanze; solo nell'oblio v'è un abisso che né la vostra voce né il vostro sguardo possono eliminare.

"Tra le rive dell'oceano e la cima della montagna più alta si snoda una strada segreta che per forza dovete percorrere prima di potere diventare una strada segreta che per forza dovete percorrere prima di potere diventare una cosa sola con i figli della terra.

"E tra la vostra conoscenza e la vostra comprensione v'è un sentiero segreto che dovete per forza scoprire prima di potere diventare una cosa sola con l'uomo, quindi una cosa sola con voi stessi.

"Tra la vostra mano destra che offre e la sinistra che riceve intercorre una grande distanza. Solo pensandole entrambe l'una che offre e l'altra che riceve potrete annullare il concetto di spazio, poiché solo sapendo che non avete nulla da offrire e nulla da ricevere potrete eliminare la distanza.

"In verità la distanza maggiore è quella che separa il sogno dalla realtà quotidiana; e quella tra ciò che è solo un'azione e ciò che è solo un desiderio.

"E v'è un'altra strada che dovete percorrere prima di potere diventare una cosa sola con la Vita. Ma visto che siete già stanchi per il lungo andare non ve ne parlerò ora".

Then he went forth with the woman, he and the nine, even unto the market-place, and he spoke to the people, his friends and his neighbours, and there was joy in their hearts and upon their eyelids.

And he said: "You grow in sleep, and live your fuller life in your dreaming. For all your days are spent in thanksgiving for that which you have received in the stillness of the night.

"Oftentimes you think and speak of night as the season of rest, yet in truth night is the season of seeking and finding.

"The day gives unto you the power of knowledge and teaches your fingers to become versed in the art of receiving; but it is night that leads you to the treasure-house of Life.

"The sun teaches to all things that grow their longing for the light. But it is night that raises them to the stars.

"It is indeed the stillness of the night that weaves a wedding-veil over the trees in the forest, and the flowers in the garden, and then spreads the lavish feast and makes ready the nuptial chamber; and in that holy silence tomorrow is conceived in the womb of Time.

"Thus it is with you, and thus, in seeking, you find meat and fulfilment. And though at dawn your awakening erases

Allora uscì con la donna ed i nove discepoli fino alla piazza del mercato, e parlò alla gente, agli amici ed ai vicini, e v'era gioia nei loro cuori e nei loro occhi.

Ed egli disse: "Voi crescete nel sonno e vivete totalmente la vostra vita nel sogno. Infatti tutti i vostri giorni li trascorrete rendendo grazie di ciò che avete ricevuto nella notte.

"Sovente parlate della notte come se fosse una stagione di riposo, ma in realtà la notte è stagione di ricerca e di scoperte.

"Il giorno vi conferisce la forza della conoscenza ed insegna alle vostre dita a diventare esperte nell'arte del ricevere; ma è la notte a condurvi là ove è nascosto il segreto della Vita.

"Il sole insegna a tutte quelle cose che necessitano di luce. Ma è la notte che le eleva sino alle stelle.

"È proprio la calma della notte che tesse un velo nuziale sugli alberi della foresta e sui fiori dei giardini e poi apparecchia il banchetto sontuoso e prepara la camera nuziale; ed in quel sacro silenzio il domani è concepito nel grembo del tempo.

"Così è per voi, e così, cercando, trovate cibo e soddisfazione. E sebbene all'alba il risveglio ne cancelli il ricordo, la

the memory, the board of dreams is for ever spread, and the nuptial chamber waiting".

And he was silent for a space, and they also, awaiting his word. Then he spoke again, saying: "You are spirits though you move in bodies; and, like oil that burns in the dark, you are flames though held in lamps.

"If you were naught save bodies, then my standing before you and speaking unto you would be but emptiness, even as the dead calling unto the dead. But this is not so. All that is deathless in you is free unto the day and the night and cannot be housed nor fettered, for this is the will of the Most High. You are His breath even as the wind that shall be neither caught nor caged. And I also am the breath of His breath".

And he went from their midst walking swiftly and entered again into the Garden.

And Sarkis, he who was the half-doubter, spoke and said: "And what of ugliness, Master? You speak never of ugliness".

And Almustafa answered him, and there was a whip in his words, and he said: "My friend, what man shall call you inhospitable if he shall pass by your house, yet would not knock at your door?

"And who shall deem you deaf and unmindful if he shall speak to you in a strange tongue of which you understand nothing?

"Is it not that which you have never striven to reach, into whose heart you have never desired to enter, that you deem ugliness?

"If ugliness is aught, indeed, it is but the scales upon our eyes, and the wax filling our ears.

"Call nothing ugly, my friend, save the fear of a soul in the presence of its own memories".

mensa dei sogni è eternamente apparecchiata, e la camera nuziale in vostra attesa".

Tacque un istante e pure loro in attesa di sentirlo ancora. Allora parlò di nuovo e disse: "Siete spirito, sebbene racchiuso in un corpo; e come olio che arde nell'oscurità, siete fiamme anche se rinchiuse in lanterne.

"Se foste solo corpo, allora la mia presenza ed il mio predicare non servirebbero a nulla, sarei come un morto che parla ad un morto. Ma non è così. Tutto ciò che di immortale è in voi è libero, di giorno e di notte, e non può venir rinchiuso od imprigionato, poiché questa è la volontà dell'Altissimo. Voi siete il Suo respiro, simili al vento che non può essere né catturato né ingabbiato. Ed anch'io sono parte del Suo respiro".

Si allontanò velocemente da loro e rientrò nel Giardino.

E Sarkis, discepolo un po' scettico, parlò e disse: "E che mi dici, Maestro, della bruttezza? Non parli mai di ciò che è brutto".

Ed Almustafà gli rispose seccamente e disse: "Amico mio, quale uomo ti additerà come inospitale, se passando davanti a casa tua non avrà bussato alla tua porta?

"E chi ti giudicherà sordo e disattento, se si rivolgerà a te in un idioma strano che ti è ignoto?

"Non è forse ciò che tu chiami bruttezza, ciò che non ti sei mai sforzato di capire e nel cui cuore non hai mai voluto entrare?

"E se è vero che esiste la bruttezza, essa altro non è che un velo sui tuoi occhi e della cera nelle tue orecchie.

"Amico mio, non definire brutta alcuna cosa, se non la paura di un'anima di fronte ai suoi ricordi".

And upon a day as they sat in the long shadows of the white poplars, one spoke saying: "Master, I am afraid of time. It passes over us and robs us of our youth, and what does it give in return?".

And he answered and said: "Take up now a handful of good earth. Do you find in it a seed, and perhaps a worm? If your hand were spacious and enduring enough, the seed might become a forest, and the worm a flock of angels. And forget not that the years which turn seeds to forests, and worms to angels, belong to this *Now*, all of the years, this very *Now*.

"And what are the seasons of the years save your own thoughts changing? Spring is an awakening in your breast, and summer but a recognition of your own fruitfulness. Is not autumn the ancient in you singing a lullaby to that which is still a child in your being? And what, I ask you, is winter save sleep big with the dreams of all the other seasons".

And then Mannus, the inquisitive disciple, looked about him and he saw plants in flower cleaving unto the sycamore-tree. And he said: "Behold the parasites, Master. What say you of them? They are thieves with weary eyelids who steal

Ed un giorno mentre erano seduti all'ombra dei pioppi chiari, un discepolo disse: "Maestro, ho paura del tempo. Passa su di noi e ci priva della nostra giovinezza, ma cosa ci lascia in cambio?"

Ed egli rispose dicendo: "Prendi una manciata di buona terra. Forse che vi trovi un seme od un verme? Se la tua mano fosse abbastanza capiente e forte, il seme potrebbe diventare una foresta ed il verme una schiera d'angeli. E non dimenticare che gli anni che trasformano i semi in foreste ed i vermi in angeli appartengono a questo Attimo, tutti gli anni, proprio e solo a questo Attimo.

"E che cosa sono le stagioni dell'anno se non i vostri pensieri che mutano col tempo? La primavera è il risveglio del cuore e l'estate il riconoscimento della vostra fertilità. L'autunno non è forse il vecchio che è in voi che canta una nenia a quel bambino che ancora sta in voi? E ditemi, l'inverno non è forse il lungo sonno pieno dei sogni di tutte le altre stagioni?"

Ed allora Mannus, discepolo curioso, si guardò intorno e vide le piante in fiore aggrappate al sicomoro. Ed allora disse: "Maestro, guarda i parassiti. Che mi dici di loro? Sono ladri dalle palpebre stanche che rubano la luce ai tenaci figli

the light from the steadfast children of the sun, and make fair of the sap that runneth into their branches and their leaves".

And he answered him saying: "My friend, we are all parasites. We who labour to turn the sod into pulsing life are not above those who receive life directly from the sod without knowing the sod.

"Shall a mother say to her child: 'I give you back to the forest, which is your greater mother, for you weary me, heart and hand'?

"Or shall the singer rebuke his own song, saying: 'Return now to the cave of echoes from whence you came, for your voice consumes my breath'?

"And shall the shepherd say to his yearling: 'I have no pasture whereunto I may lead you; therefore be cut off and become a sacrifice for this cause'?

"Nay, my friend, all these things are answered even before they are asked, and, like your dreams, are fulfilled ere you sleep.

"We live upon one another according to the law, ancient and timeless. Let us live thus in loving-kindness. We seek one another in our aloneness, and we walk the road when we have no hearth to sit beside.

"My friends and my brothers, the wider road is your fellow-man.

"These plants that live upon the tree draw the milk of the earth in the sweet stillness of night, and the earth in her tranquil dreaming sucks at the breast of the sun.

"And the sun, even as you and I and all there is, sits in equal honour at the banquet of the Prince whose door is always open and whose board is always spread.

"Mannus, my friend, all there is lives always upon all there is; and all there is lives in the faith, shoreless, upon the bounty of the Most High".

del sole facendosi belli della linfa che scorre nei loro rami e nelle loro foglie".

Ed egli gli rispose dicendo: "Amico mio, tutti noi siamo dei parassiti. Noi che fatichiamo per trasformare la zolla di terra in vita palpitante non siamo migliori di coloro che ricevono la vita dalla zolla senza conoscerla.

"Forse che una madre dirà mai al figlio: 'Ti restituirò alla foresta, la tua grande madre, perché tu stanchi me, il mio cuore e le mie mani'?

"Forse che il cantante rimprovererà il suo canto dicendo: 'Ritorna ora alla caverna degli echi da dove sei venuto, perché la tua voce esaurisce il mio fiato'?

"Forse che il pastore dirà mai al suo agnello: 'Non ho pascolo ove condurti, quindi vattene e sacrificati per questa causa'?

"No, amico mio, tutte queste cose han già la risposta in se medesime e, come i vostri sogni, sono esaudite prima che il sonno vi colga.

"Secondo la legge antica e sempiterna, viviamo l'uno dell'altro. Viviamo allora in amorevole accordo. Ci cerchiamo l'un l'altro nella solitudine e camminiamo per strada quando non abbiamo focolare a cui scaldarci.

"Amici e fratelli miei, la via più larga è il vostro compagno.

"Queste piante che vivono sull'albero suggono il latte della terra nella dolce quiete della notte e la terra, quando placida sogna, si allatta al seno del sole.

"Ed il sole, come voi, come me, come tutto il creato, siede con pari onore al banchetto del Principe, la cui porta è sempre aperta e la cui mensa è sempre apparecchiata.

"Mannus, amico mio, tutto il creato vive di ciò che esiste; e tutto ciò che esiste vive nella fede sconfinata nella generosità dell'Altissimo".

And a morning when the sky was yet pale with dawn, they walked all together in the Garden and looked unto the East and were silent in the presence of the rising sun.

And after a while Almustafa pointed with his hand, and he said: "The image of the morning sun in a dewdrop is not less than the sun. The reflection of life in your soul is not less than life.

"The dewdrop mirrors the light because it is one with light, and you reflect life because you and life are one.

"When darkness is upon you, say: 'This darkness is dawn not yet born; and though night's travail be full upon me, yet shall dawn be born unto me even as unto the hills'.

"The dewdrop rounding its sphere in the dusk of the lily is not unlike yourself gathering your soul in the heart of God.

"Shall a dewdrop say: 'But once in a thousand years am I even a dewdrop', speak you and answer it saying: 'Know you not that the light of all the years is shining in your circle?'".

Ed un mattino, quando il cielo era ancora avvolto dal pallore dell'alba, camminavano insieme nel Giardino guardando ad oriente ed in silenzio ammiravano il sole nascente.

E poi Almustafà fece segno con la mano e disse: "L'immagine del sole del mattino riflessa in una goccia di rugiada è pari al sole. Il riflesso della vita nella vostra anima è pari alla vita.

"La goccia di rugiada riflette la luce perché è un tutt'uno con la luce e voi rispecchiate la vita perché voi e la vita siete una cosa sola.

"Quando l'oscurità vi ricopre dite: 'Quest'oscurità è un'alba che deve ancora sorgere; e sebbene senta le doglie della notte su di me, tuttavia l'alba spunterà su di me come sulle colline'.

"La goccia di rugiada che rotola la sua sfera nella cavità oscura del giglio non è diversa da voi, che raccogliete la vostra anima nel cuore di Dio.

"Se una goccia di rugiada vi dicesse: 'Sarò una goccia di rugiada solo una volta ogni mille anni', parlate e rispondetele dicendo: 'Non sai che la luce di tutti gli anni risplende nella tua sfera?'"

And on an evening a great storm visited the place, and Almustafa and his disciples, the nine, went within and sat about the fire and were still and silent.

Then one of the disciples said: "I am alone, Master, and the hoofs of the hours beat heavily upon my breast".

And Almustafa rose up and stood in their midst, and he said in a voice like unto the sound of a great wind: "Alone! And what of it? You came alone, and alone shall you pass into the mist.

"Therefore drink your cup alone and in silence. The autumn days have given other lips other cups and filled them with wine bitter and sweet, even as they have filled your cup.

"Drink your cup alone though it taste of your own blood and tears, and praise life for the gitft of thirst. For without thirst your heart is but the shore of a barren sea, songless and without a tide.

"Drink your cup alone, and drink it with cheers.

"Raise it high above your head and drink deep to those who drink alone.

"Once I sought the company of men and sat with them at their banquet-tables and drank deep with them; but their

Ed una sera una grande tempesta si abbatté sull'isola ed Almustafà ed i suoi nove discepoli rincasarono e sedettero attorno al fuoco tranquilli e silenziosi.

Allora uno dei discepoli disse: "Sono solo, maestro, e gli zoccoli delle ore battono con forza sul mio petto".

E Almustafà si alzò in mezzo a loro e con voce simile al vento, disse: "Solo! E con questo? Solo sei venuto e solo svanirai nella nebbia.

"Quindi consuma il contenuto del tuo calice da solo ed in silenzio. I giorni dell'autunno hanno consegnato ad altre labbra altri calici riempiti di vino dolce ed amaro, e così è stato per il tuo calice.

"Consuma il contenuto del tuo calice da solo anche se ha il sapore del tuo sangue e delle tue lacrime e loda la Vita perché t'ha dato il modo di conoscere la sete. Infatti senza sete il tuo cuore è come la sponda di un mare desolato, privo di canto e di maree.

"Consuma il contenuto del tuo calice da solo e brinda.

"Levalo alto sulla tua testa e bevi alla salute di quelli che bevono da soli.

"Una volta cercai la compagnia degli uomini e con loro bevvi alla loro mensa; ma il loro vino né salì alla mia testa,

wine did not rise to my head, not did it flow into my bosom. It only descended to my feet. My wisdom was left dry and my heart was locked and sealed. Only my feet were with them in their fog.

"And I sought the company of men no more, nor drank wine with them at their board.

"Therefore I say unto you, though the hoofs of the hours beat heavily upon your bosom, what of it? It is well for you to drink your cup of sorrow alone, and your cup of joy shall you drink alone also".

né scese al mio cuore. Giunse solo ai miei piedi. La saggezza non fu inumidita ed il mio cuore restò ben chiuso e sigillato. Solo i miei piedi erano con loro nella nebbia.

"Non cercai mai più la compagnia degli uomini, né bevvi più alle loro mense.

"Quindi ti dico; benché gli zoccoli delle ore battano con forza sul tuo petto: Con questo? È bene per te bere da solo il calice del dolore, come pure il calice della gioia".

And on a day, as Phardrous, the Greek, walked in the Garden, he struck his foot upon a stone and he was angered. And he turned and picked up the stone, saying in a low voice: "O dead thing in my path!" and he flung away the stone.

And Almustafa, the chosen and the beloved, said: "Why say you: 'O dead thing'? Have you been thus long in this Garden and know not that there is nothing dead here? All things live and glow in the knowledge of the day and the majesty of the night. You and the stone are one. There is a difference only in heart-beats. Your heart beats a little faster, does it, my friend? Ay, but it is not so tranquil.

"Its rhythm may be another rhythm, but I say unto you that if you sound the depths of your soul and scale the heights of space, you shall hear but one melody, and in that melody the stone and the star sing, the one with the other, in perfect unison.

"If my words reach not your understanding, then let be until another dawn. If you have cursed this stone because in your blindness you have stumbled upon it, then would you curse a star if so be your head should encounter it in the sky. But the day will come when you will gather stones and stars as a child plucks the valleylilies, and then shall you know that all these things are living and fragrant".

Ed un giorno, mentre Phardrous, il greco, passeggiava nel Giardino, inciampò in una pietra e si adirò. Si voltò, raccolse la pietra, dicendo a bassa voce: "O cosa morta sul mio cammino!" e la scagliò lontano.

Ed Almustafà, l'eletto e l'amato, disse: "Perché dici: 'O cosa morta'? È molto ormai che vivi in questo Giardino ed ancora non sai che nulla esiste senza vita? Tutte le cose vivono e splendono alla luce del giorno e nella maestà della notte. Tu e la pietra siete una cosa sola. La differenza sta solo nei battiti del cuore. Il tuo cuore batte un po' più forte vero, amico mio? Ma ahimè non è così calmo.

"Forse il suo ritmo è un altro, ma ti dico che se sondi la profondità della tua anima e misuri le vette dello spazio, udrai un'unica melodia in cui all'unisono cantano la pietra e la stella.

"Se non comprendi le mie parole allora lascia che sorga un altro giorno. Se hai maledetto questa pietra nella quale hai inciampato per la tua distrazione, allora malediresti una stella se per caso in cielo vi dovessi sbattere con la tua testa. Ma verrà il giorno in cui raccoglierai pietre e stelle come il bimbo raccoglie i gigli della valle ed allora capirai che tutte queste cose sono viventi e profumate".

And on the first day of the week when the sounds of the temple bells sought their ears, one spoke and said: "Master, we hear much talk of God hereabout. What say you of God, and who is He in very truth?".

And he stood before them like a young tree, fearless of wind or tempest, and he answered saying: "Think now, my comrades and beloved, of a heart that contains all your hearts, a love that encompasses all your loves, a spirit that envelops all your spirits, a voice enfolding all your voices, and a silence deeper than all your silences, and timeless.

"Seek now to perceive in your selffulness a beauty more enchanting than all things beautiful, a song more vast than the songs of the sea and the forest, a majesty seated upon a throne for which Orion is but a footstool, holding a sceptre in which the Pleiades are naught save the glimmer of dew-drops.

"You have sought always only food and shelter, a garment and a staff; seek now One who is neither an aim for your arrows nor a stony cave to shield you from the elements.

"And if my words are a rock and a riddle, then seek, none the less, that your hearts may be broken, and that your

Ed il primo giorno della settimana, quando il suono delle campane del tempio cercò le loro orecchie, uno dei discepoli disse: "Maestro, sentiamo molto parlare di Dio da queste parti. E tu che cosa ce ne dici, chi è realmente Dio?"

Si alzò in piedi in mezzo a loro, come un albero giovane che non teme né vento né tempesta, e rispose dicendo: "Miei compagni ed amati, pensate ad un cuore che contenga tutti i vostri cuori, ad un amore che comprenda tutti i vostri amori, ad uno spirito che avvolga tutti i vostri spiriti, ad una voce che abbracci tutte le vostre voci e ad un silenzio più profondo di tutti i vostri silenzi e senza tempo.

"Cercate ora di percepire nella pienezza del vostro essere una bellezza più affascinante di tutte le cose belle, un canto più immenso del canto del mare e della foresta, una maestà assisa su un trono rispetto al quale Orione non è che uno sgabello, che regge uno scettro rispetto al quale le Pleiadi non sono altro che un luccichio di gocce di rugiada.

"Se avete sempre e solo cercato cibo e riparo, un vestito ed un bastone; cercate ora Uno che non è né un bersaglio per le vostre frecce, né una spelonca rocciosa per proteggervi dalle intemperie.

"Se le mie parole sono per voi una roccia ed un enigma,

questionings may bring you unto the love and the wisdom of the Most High, whom men call God".

And they were silent, every one, and they were perplexed in their heart; and Almustafa was moved with compassion for them, and he gazed with tenderness upon them and said: "Let us speak no more now of God the Father. Let us speak rather of the gods, your neighbours, and of your brothers, the elements that move about your houses and your fields.

"You would rise in fancy unto the cloud, and you deem it height; and you would pass over the vast sea and claim it to be distance. But I say unto you that when you sow a seed in the earth, you reach a greater height; and when you hail the beauty of the morning to your neighbour, you cross a greater sea.

"Too often do you sing God, the Infinite, and yet in truth you hear not the song. Would that you might listen to the song-birds, and to the leaves that forsake the branch when the wind passes by, and forget not, my friends, that these sing only when they are separated from the branch!

"Again I bid you to speak not so freely of God, who is your All, but speak rather and understand one another, neighbour unto neighbour, a god unto a god.

"For what shall feed the fledgling in the nest if the mother bird flies skyward? And what anemone in the field shall be fulfilled unless it be husbanded by a bee from another anemone?

"It is only when you are lost in your smaller selves that you seek the sky which you call God. Would that you might find paths into your vast selves; would that you might be less idle and pave the roads!

"My mariners and my friends, it were wiser to speak less of God, whom we cannot understand, and more of each

allora cercate perlomeno che i vostri cuori si possano spezzare e che il vostro domandare vi possa condurre all'amore ed alla saggezza dell'Altissimo, che gli uomini chiamano Dio".

Confusi, tutti tacquero; ed Almustafà mosso a compassione li fissò teneramente e disse: "Non parliamo più di Dio, il Padre. Parliamo piuttosto degli dei, vostri vicini, e dei vostri fratelli, gli elementi, che si muovono attorno alle vostre case ed ai vostri campi.

"Potreste salire con la fantasia su di una nuvola e pensare di aver raggiunto il punto più alto; e potreste sorvolare l'immenso mare e pensare di aver di fronte l'incommensurabile vastità. Ma io vi dico che quando mettete a dimora un seme raggiungete una vetta più alta; e quando esaltate al vostro vicino la bellezza del mattino, sorvolate un mare ancor più vasto.

"Troppo spesso cantate Dio, l'Infinito, ma in verità non udite il canto. Come vorrei che voi poteste ascoltare il canto degli uccelli e delle foglie che lasciano il ramo al passar del vento, e non dimenticate mai, amici miei, che queste cantano solamente quando sono staccate dal ramo!

"Di nuovo vi invito a non parlare così liberamente di Dio, che è il vostro Tutto, ma parlate piuttosto e comprendetevi l'un l'altro, vicino con vicino, dio con dio.

"Infatti chi nutrirà il piccolo nel nido se la madre spicca il volo verso il cielo? E quale anemone nel campo sboccerà se non verrà unito in matrimonio con un altro anemone da un'ape?

"Solo quando siete smarriti nella vostra piccolezza cercate il cielo, che chiamate Dio. Come vorrei che trovaste dei sentieri nella vostra immensità; come vorrei che foste meno pigri e lastricaste le vie!

"Miei marinai ed amici, sarebbe più saggio parlare meno

other, whom we may understand. Yet I would have you know that we are the breath and the fragrance of God. We are God, in leaf, in flower, and oftentimes in fruit".

di Dio, che non possiamo comprendere, e più di noi stessi, che possiamo comprenderci a vicenda. Ma vorrei che sapeste che siamo il respiro e la fragranza di Dio. Siamo Dio sotto forma di fogli di fiore e spesso di frutto".

And on a morning when the sun was high, one of the disciples, one of those three who had played with him in childhood, approached him saying: "Master, my garment is worn, and I have no other. Give me leave to go unto the market-place and bargain that perchance I may procure me new raiment".

And Almustafa looked upon the young man, and he said: "Give me your garment". And he did so and stood naked in the noonday.

And Almustafa said in a voice that was like a young steed running upon a road: "Only the naked live in the sun. Only the artless ride the wind. And he alone who loses his way a thousand times shall have a homecoming.

"The angels are tired of the clever. And it was but yesterday that an angel said to me: 'We created hell for those who glitter. What else but fire can erase a shining surface and melt a thing to its core?'.

"And I said: 'But in creating hell you created devils to govern hell'. But the angel answered: 'Nay, hell is governed by those who do not yield to fire'.

"Wise angel! He knows the ways of men and the ways of half-men. He is one of the seraphim who come to minister

Ed un mattino quando il sole era già alto, uno dei discepoli, uno dei suoi tre compagni di giochi dell'infanzia, gli si avvicinò dicendo: "Maestro, il mio abito è liso e non ne ho altri. Permettimi di andare alla piazza del mercato a vedere se riesco a procurarmi una nuova veste".

Ed Almustafà guardò il giovane e disse: "Dammi il tuo vestito". Così fece e restò tutto nudo in pieno giorno.

Ed Almustafà, con voce simile ad un giovane destriero che galoppa per strada, disse: "Solo i nudi vivono nel sole. Solo i semplici cavalcano il vento. E solo chi si smarrisce migliaia di volte riuscirà a tornare a casa.

"Gli angeli sono stanchi degli uomini intelligenti. E solo ieri un angelo mi ha detto: 'Abbiamo creato l'inferno per coloro che brillano. Cos'altro può cancellare una superficie lucente e sciogliere una cosa sino al nocciolo?'

"Ed io dissi: 'Ma creando l'inferno avete creato i demoni per governarlo'. Ma l'angelo mi rispose: 'No, l'inferno è governato da coloro che resistono al fuoco'.

"Angelo saggio! Conosce il costume degli uomini ed il costume dei mezzi uomini. È uno dei serafini che vengono

unto the prophets when they are tempted by the clever. And no doubt he smiles when the prophets smile, and weeps also when they weep.

"My friends and my mariners, only the naked live in the sun. Only the rudderless can sail the greater sea. Only he who is dark with the night shall wake with the dawn, and only he who sleeps with the roots under the snow shall reach the spring.

"For you are even like roots, and like roots are you simple, yet you have wisdom from the earth. And you are silent, yet you have within your unborn branches the choir of the four winds.

"You are frail and you are formless, yet you are the beginning of giant oaks, and of the halfpencilled pattern of the willows against the sky.

"Once more I say, you are but roots betwixt the dark sod and the moving heavens. And oftentimes have I seen you rising to dance with the light, but I have also seen you shy. All roots are shy. They have hidden their hearts so long that they know not what to do with their hearts.

"But May shall come, and May is a restless virgin, and she shall mother the hills and plains".

in aiuto ai profeti quando sono tentati dagli intelligenti. E senza dubbio sorride quando i profeti sorridono e piange quando questi piangono.

"Miei amici, miei marinai, solo i nudi vivono nel sole. Solo chi è privo di timone può attraversare il grande mare. Solo chi è oscuro con la notte si sveglierà con l'alba e solo chi dorme con le radici sotto la neve raggiungerà la primavera.

"Infatti voi siete come radici e come tali siete semplici ma traete dalla terra saggezza. E siete taciturni, ma avete nei vostri rami non ancora formati il coro dei quattro venti.

"Siete fragili ed informi, ma siete l'inizio di enormi querce e l'abbozzo di salici in cielo.

"Ancora una volta dico, non siete che radici fra l'oscura zolla ed il mutevole cielo. E spesso vi ho visti alzarvi per danzare con la luce, ma vi ho visti anche schivi. Tutte le radici sono schive. Hanno celato i loro cuori così a lungo che non sanno che farne.

"Ma arriverà maggio, e maggio è una vergine irrequieta, che farà da madre alle colline ed alle pianure".

And one who had served in the Temple besought him saying: "Teach us, Master, that our words may be even as your words, a chant and an incense unto the people".

And Almustafa answered and said: "You shall rise beyond your words, but your path shall remain, a rhythm and a fragrance; a rhythm for lovers and for all who are beloved, and a fragrance for those who would live life in a garden.

"But you shall rise beyond your words to a summit whereon the star-dust falls, and you shall open your hands until they are filled; then you shall lie down and sleep like a white fledgling in a white nest, and you shall dream of your tomorrow as white violets dream of spring.

"Ay, and you shall go down deeper than your words. You shall seek the lost fountain-heads of the streams, and you shall be a hidden cave echoing the faint voices of the depths which now you do not even hear.

"You shall go down deeper than your words, ay, deeper than all sounds, to the very heart of the earth, and there you shall be alone with Him who walks also upon the Milky Way".

And after a space one of the disciples asked him saying: "Master, speak to us of *being*. What is it to *be*?".

Ed un discepolo che aveva servito al tempio lo supplicò dicendo: "Maestro, insegnaci a far sì che le nostre parole siano come le tue, un canto ed un incenso per la gente".

Ed Almustafà rispose dicendo: "Vi innalzerete oltre le vostre parole, ma il vostro sentiero manterrà un ritmo ed una fragranza, un ritmo per gli amanti e per tutti coloro che sono amati ed una fragranza per coloro che vorrebbero trascorrere la vita in un giardino.

"Ma voi vi innalzerete oltre le vostre parole su una vetta ove cade la polvere delle stelle ed aprirete le mani sino a che non le avrete piene; poi vi sdraierete e dormirete come un piccolo in un bianco nido, e sognerete il vostro futuro come le bianche viole sognano la primavera.

"Sì, e vi calerete più a fondo delle vostre parole. Cercherete le sorgenti perdute dei ruscelli e sarete una spelonca nascosta che farà da eco alle flebili voci che vengon dal profondo che ora non potete nemmeno udire.

"E vi calerete più a fondo delle vostre parole, sì, più a fondo di tutti i suoni, fino al cuore stesso della terra, e lì rimarrete soli con Lui che pure cammina sulla Via Lattea".

Ed un momento dopo uno dei discepoli gli chiese: "Maestro, parlaci dell'Essere. Che cosa significa Esistere?"

And Almustafa looked long upon him and loved him. And he stood up and walked a distance away from them; then returning, he said: "In this Garden my father and my mother lie, buried by the hands of the living; and in this Garden lie buried the seeds of yesteryear, brought hither upon the wing of the wind. A thousand times shall my mother and my father be buried here, and a thousand times shall the wings bury the seed, and a thousand years hence shall you and I and these flowers come together in this Garden even as now, and we shall *be*, loving life, and we shall *be*, dreaming of space, and we shall *be*, rising toward the sun.

"But now today to *be* is to be wise, though not a stranger to the foolish; it is to be strong, but not to the undoing of the weak; to play with young children, not as fathers, but rather as playmates who would learn their games;

"To be simple and guileless with old men and women, and to sit with them in the shade of the ancient oak-trees, though you are still walking with Spring;

"To seek a poet though he may live beyond the seven rivers, and to be at peace in his presence, nothing wanting, nothing doubting, and with no question upon your lips;

"To know that the saint and the sinner are twin brothers, whose father is our Gracious King, and that one was born but the moment before the other, wherefore we regard him as the Crowned Prince;

"To follow Beauty even when she shall lead you to the verge of the precipice; and though she is winged and you are wingless, and though she shall pass beyond the verge, follow her, for where Beauty is not, there is nothing;

"To be a garden without walls, a vineyard without a guardian, a treasure-house for ever open to passers-by;

"To be robbed, cheated, deceived, ay, misled and trapped and then mocked, yet with it all to look down from the

Ed Almustafà lo guardò a lungo e provò per lui un grande affetto. Si alzò per un breve tratto e ritornando sui suoi passi disse: "In questo Giardino riposano mio padre e mia madre sepolti dalle mani dei viventi; in questo Giardino sono sepolti i semi degli anni trascorsi trasportati sin qui sulle ali del vento. Migliaia di volte verranno qui sepolti mio padre e mia madre, e migliaia di volte i semi saranno sepolti dalle ali; e tra un migliaio d'anni voi, io e questi fiori ci ritroveremo in questo Giardino come ora, ed esisteremo, amando la vita, ed esisteremo, sognando lo spazio, ed esisteremo, risorgendo verso il sole.

"Ma oggi esistere significa essere saggi, anche se non estranei ai folli; significa essere forti ma non per distruggere i deboli; giocare con i bambini ma non come padri, piuttosto come compagni di gioco che vogliono imparare i loro giochi;

"Essere semplici ed innocenti con gli anziani e le donne e sedervi con loro all'ombra delle antiche querce, sebbene camminiate ancora con la Primavera;

"Cercare un poeta sebbene viva oltre i sette fiumi, e sentirsi in pace davanti a lui senza voler nulla, senza dubitare nulla, senza nessuna domanda sulle labbra;

"Sapere che il santo ed il peccatore sono gemelli, il cui padre è nostra Maestà il Re e che l'uno è nato solo un istante prima dell'altro, e che perciò lo consideriamo Principe Ereditario;

"Seguire la Bellezza anche se questa vi dovesse portare sull'orlo di un precipizio; anche se lei ha le ali e voi no ed anche se lei varcherà il precipizio, seguitela, perché ove non v'è bellezza non v'è nulla;

"Essere un giardino senza muro di cinta, una vigna senza custode, una tesoreria sempre aperta ai viandanti;

"Essere derubati, traditi, ingannati, sì, fuorviati ed in-

height of your larger self and smile, knowing that there is a spring that will come to your garden to dance in your leaves, and an autumn to ripen your grapes; knowing that if but one of your windows is open to the East, you shall never be empty; knowing that all those deemed wrongdoers and robbers, cheaters and deceivers are your brothers in need, and that you are perchance all of these in the eyes of the blessed inhabitants of that City Invisible, above this city.

"And now, to you also whose hands fashion and find all things that are needful for the comfort of our days and our nights:

"To *be* is to be a weaver with seeing fingers, a builder mindful of light and space; to be a ploughman and feel that you are hiding a treasure with every seed you sow; to be a fisherman and a hunter with a pity for the fish and for the beast, yet a still greater pity for the hunger and need of man.

"And, above all, I say this: I would have you each and every one partners to the purpose of every man, for only so shall you hope to obtain your own good purpose.

"My comrades and my beloved, be bold and not meek; be spacious and not confined; and until my final hour and yours be indeed your greater self".

And he ceased from speaking and there fell a deep gloom upon the nine, and their heart was turned away from him, for they understood not his words.

And behold, the three men who were mariners longed for the sea; and they who had served in the Temple yearned for the consolation of her sanctuary; and they who had been his playfellows desired the market-place. They all were deaf to his words, so that the sound of them returned unto him

trappolati e poi derisi, ma nonostante ciò guardare dall'alto del vostro essere e sorridere, consapevoli che v'è una primavera che giungerà al vostro giardino a danzare tra le foglie ed un autunno che verrà a maturare l'uva; consapevoli che se almeno una delle vostre finestre volge ad oriente, non sarete mai vuoti; consapevoli che tutti coloro ritenuti malfattori e ladri, imbroglioni e disonesti sono vostri fratelli nel bisogno, e che forse voi siete uno di loro agli occhi degli abitanti benedetti della Città Invisibile, che si erge al di sopra di questa città.

"Ed ora, a voi anche, le cui mani modellano e trovano tutte le cose necessarie al conforto dei nostri giorni e delle nostre notti:

"Esistere significa essere un tessitore con dita che vedono, un costruttore attento alla luce ed allo spazio; essere un aratore e sentire che ogni seme che piantate è un tesoro; essere un pescatore ed un cacciatore che provano pietà per il pesce e per la preda, ma che ancor più pietà provano per la fame e le necessità dell'uomo.

"E soprattutto dico ciò: Vorrei che ognuno di voi e tutti voi partecipaste allo scopo di ogni uomo, poiché solo così potrete sperare di raggiungere il vostro buon scopo.

"Miei compagni, miei amati, siate audaci, non mansueti; siate aperti, non limitati; e sino alla mia ultima ora ed alla vostra siate il più possibile voi stessi".

E come smise di parlare una profonda tristezza calò sui nove; ed i loro cuori si allontanarono da Lui perché non avevano capito le sue parole.

Ed ecco che i tre marinai furono colti dalla nostalgia per il mare; coloro che avevano servito al tempio anelarono la consolazione del santuario; e coloro che erano stati i suoi compagni di gioco desiderarono la piazza del mercato. Tutti restarono sordi alle sue parole, così che esse tornarono a lui co-

like weary and homeless birds seeking refuge.

And Almustafa walked a distance from them in the Garden, saying nothing, nor looking upon them.

And they began to reason among themselves and to seek excuse for their longing to be gone.

And behold, they turned and went every man to his own place, so that Almustafa, the chosen and the beloved, was left alone.

me uccelli stanchi e randagi bisognosi di un rifugio.

Ed Almustafà si allontanò da loro nel Giardino senza dire nulla e senza guardarli.

Ed essi si misero a discutere tra di loro cercando di giustificare il desiderio di andarsene.

Ed ecco si voltarono ed ognuno si diresse alla propria casa, così che Almustafà l'eletto e l'amato rimase solo.

And when the night was fully come, he took his steps to the grave-side of his mother and sat beneath the cedar-tree which grew above the place. And there came the shadow of a great light upon the sky, and the Garden shone like a fair jewel upon the breast of earth.

And Almustafa cried out in the aloneness of his spirit, and he said:

"Heavy-laden is my soul with her own ripe fruit. Who is there would come and take and be satisfied? Is there not one who has fasted and who is kindly and generous in heart, to come and break his fast upon my first yieldings to the sun and thus ease me of the weight of mine own abundance?

"My soul is running over with the wine of the ages. Is there no thirsty one to come and drink?

"Behold, there was a man standing at the crossroads with hands stretched forth unto the passers–by, and his hands were filled with jewels. And he called upon the passers-by, saying: 'Pity me, and take from me. In God's name, take out of my hands and console me'.

"But the passers-by only looked upon him, and none took out of his hand.

"Would rather that he were a beggar stretching forth his

E quando la notte fu scesa completamente, andò a far visita alla tomba di sua madre e si sedette sotto il cedro, che lì s'ergeva. Ed ecco che su nel cielo comparve l'ombra di una grande luce, ed il Giardino brillò come un gioiello prezioso sul seno della terra.

Ed Almustafà nella solitudine del suo spirito gridò e disse:

"La mia anima è ricolma di frutti maturi. Chi vuole venire a servirsene ed a saziarsene? Non v'è nessuno che abbia digiunato e che sia nobile e generoso di cuore tanto da venire a rompere il proprio digiuno con i miei primi frutti al sole e così alleggerirmi del peso della mia abbondanza?

"La mia anima trabocca del vino dei secoli. V'è qualcuno assetato che voglia dissetarvisi?

"All'incrocio stava fermo un uomo con le mani tese in avanti verso i passanti e le sue mani erano ricolme di gioielli. Egli chiamava i passanti dicendo: 'Abbiate pietà di me, prendetene. Nel nome di Dio prendete dalle mie mani e consolatemi'.

"Ma i passanti lo guardavano solamente e nessuno si servì.

"Sarebbe stato meglio se egli fosse stato un mendicante

hand to receive – ay; a shivering hand, and brought back empty to his bosom – than to stretch it forth full of rich gifts and find none to receive.

"And behold, there was also the gracious prince who raised up his silken tents between the mountain, and the desert and bade his servants to burn fire, a sign to the stranger and the wanderer; and who sent forth his slaves to watch the road that they might fetch a guest. But the roads and the paths of the desert were unyielding, and they found no one.

"Would rather that prince were a man of nowhere and nowhen, seeking food and shelter. Would that he were the wanderer with naught but his staff and an earthen vessel. For then at nightfall would he meet with his kind, and with the poets of nowhere and nowhen, and share their beggary and their remembrances and their dreaming.

"And behold, the daughter of the great king rose from sleep and put upon her silken raiment and her pearls and rubies, and she scattered musk upon her hair and dipped her fingers in amber. Then she descended from her tower to her garden, where the dew of night found her golden sandals.

"In the stillness of the night the daughter of the great king sought love in the garden, but in all the vast kingdom of her father there was none who was her lover.

"Would rather that she were the daughter of a ploughman, tending his sheep in a field, and returning to her father's house at eventide with the dust of the curving roads upon her feet, and the fragrance of the vineyards in the folds of her garment. And when the night is come, and the angel of the night is upon the world, she would steal her steps to the river-valley where her lover waits.

"Would that she were a nun in a cloister burning her

con la mano tesa per chiedere, sì, una mano tremante, ripiegata vuota al petto, piuttosto che allungarla colma di ricchi doni e ritrarla sempre colma allo stesso modo.

"E v'era anche sua maestà il principe che aveva eretto le sue seriche tende tra la montagna ed il deserto ed aveva ordinato ai suoi servi di accendere un fuoco quale segnale per lo straniero ed il vagabondo; e che aveva mandato avanti i suoi servitori a sorvegliare la strada perché gli trovassero un ospite. Ma le strade ed i sentieri del deserto non offrirono ospite alcuno.

"Sarebbe stato meglio se quel principe fosse stato un uomo qualsiasi in cerca di cibo e riparo. Sarebbe stato meglio se fosse stato un vagabondo con null'altro che il suo bastone e la sua brocca di terracotta. Poiché allora al calar della notte avrebbe incontrato i suoi simili ed i poeti senza tempo né luogo e ne avrebbe diviso il mendicare, i ricordi ed i sogni.

"V'era la figlia del grande re, che svegliatasi indossò il vestito di seta, le perle ed i rubini, si cosparse di muschio i capelli ed intinse le dita nell'ambra. Poi scese dalla sua torre nel giardino, ove la rugiada della notte inumidì i suoi sandali dorati.

"Nella quiete della notte la figlia del grande re cercò l'amore nel giardino, ma in tutto l'immenso regno di suo padre non v'era un amante per lei.

"Sarebbe stato meglio se ella fosse stata la figlia di un semplice contadino, che aveva condotto al pascolo le pecore e stava ritornando a casa dal padre a sera con i piedi carichi di polvere dei tortuosi sentieri e le pieghe dell'abito traspiranti la fragranza delle vigne. Ed al sopraggiungere della notte, quando l'angelo della notte veglia sul mondo, ella avrebbe potuto recarsi furtivamente al fiume a valle ove era attesa dal suo amante.

"Sarebbe stato meglio se ella fosse stata una monaca di

heart for incense, that her heart may rise to the wind, and exhausting her spirit, a candle, for a light arising toward the greater light, together with all those who worship and those who love and are beloved.

"Would rather that she were a woman ancient of years, sitting in the sun and remembering who had shared her youth".

And the night waxed deep, and Almustafa was dark with the night, and his spirit was as a cloud unspent. And he cried again:

"Heavy-laden is my soul with her own ripe fruit;
Heavy-laden is my soul with her fruit.
Who now will come and eat and be fulfilled?
My soul is overflowing with her wine.
Who now will pour and drink and be cooled of the desert
 heat?

"Would that I were a tree flowerless and fruitless,
For the pain of abundance is more bitter than barrenness,
And the sorrow of the rich from whom no one will take
Is greater than the grief of the beggar to whom nome
 would give.

"Would that I were a well, dry and parched, and men
 throwing stones into me;
For this were better and easier to be borne than to be
 a source of living water

clausura, che bruciava il proprio cuore come fosse incenso, sì che il suo cuore potesse salire a raggiungere il vento, e che consumava il suo spirito come fosse una candela, sì che la sua luce salisse insieme a coloro che adorano, a coloro che amano e sono amati, verso la grande luce.

"Sarebbe stato meglio se ella fosse stata una donna avanti negli anni, seduta al sole ripensando a chi aveva con lei diviso la sua giovinezza".

E la notte si fece sempre più buia, ed Almustafà era cupo come la notte, ed il suo spirito era come una nuvola intatta. Ed egli ancora gridò:

"La mia anima è ricolma di frutti maturi;
La mia anima è ricolma di frutti.
Chi verrà ora a mangiarne ed a saziarsi?
La mia anima trabocca di vino.
Chi si mescerà ora da bere a cercar frescura nella calura del deserto?

"Come vorrei essere un albero senza fiori e senza frutti,
Infatti il dolore dell'abbondanza è più amaro di quello della sterilità,
E la sofferenza del ricco da cui nessuno vuole accettare doni,
È maggiore dello sconforto del mendicante al quale nessuno vuol dare.

"Come vorrei essere un pozzo, secco ed inaridito, in cui gli uomini tirano pietre;
Infatti sarebbe meglio e molto più facile essere generato che essere fonte d'acqua vivificatrice

When men pass by and will not drink.

"Would that I were a reed trodden under foot,
For that were better than to be a lyre of silvery strings
In a house whose lord has no fingers
And whose children are deaf".

Quando gli uomini ti passano vicino e non bevono.

"Come vorrei essere una canna calpestata,
Infatti sarebbe meglio che essere una lira dalle argentee corde
In una casa il cui padrone è senza dita
Ed i figli sordi".

Now, for seven days and seven nights no man came night the Garden, and he was alone with his memories and his pain: for even those who had heard his words with love and patience had turned away to the pursuits of other days.

Only Karima came, with silence upon her face like a veil; and with cup and plate within her hand, drink and meat for his aloneness and his hunger. And after setting these before him, she walked her way.

And Almustafa came again to the company of the white poplars within the gate, and he sat looking upon the road. And after a while he beheld as it were a cloud of dust blown above the road and coming toward him. And from out the cloud came the nine, and before them Karima guiding them.

And Almustafa advanced and met them upon the road, and they passed through the gate, and all was well, as though they had gone their path but an hour ago.

They came in and supped with him at his frugal board, after that Karima had laid upon it the bread and the fish and poured the last of the wine into the cups. And as she

Poi per sette giorni e sette notti nessuno si presentò al Giardino, ed egli se ne rimase solo con i suoi ricordi ed il suo dolore;

Poiché anche coloro che avevano ascoltato le sue parole con amore e pazienza si erano allontanati da lui alla ricerca di altri giorni.

Venne solo Karima ed il silenzio era disteso sul suo volto come un velo; portava un calice ed un piatto, bevanda e cibo per la sua solitudine e per la sua fame. E dopo avergli eli messi davanti andò per la sua strada.

E Almustafà ritornò alla compagnia dei chiari pioppi al di qua del cancello e si sedette, ma continuava a guardare la strada. Ed un istante dopo vide come una nuvola di polvere alzarsi dalla strada e venire verso di lui. E dalla nube uscirono i nove guidati da Karima.

Ed Almustafà andò loro incontro ed essi varcarono il cancello come se nulla fosse accaduto e se ne fossero andati via solo per un'ora.

Entrarono e, dopo che Karima ebbe apparecchiato il desco con il pane ed il pesce e versato nei calici il vino rimasto, cenarono con lui. Mentre mesceva il vino Karima implorò il

poured, she besought the Master saying: "Give me leave that I go into the city and fetch wine to replenish your cups, for this is spent".

And he looked upon her, and in his eyes were a journey and a far country, and he said: "Nay, for it is sufficient unto the hour".

And they ate and drank and were satisfied. And when it was finished, Almustafa spoke in a vast voice, deep as the sea and full as a great tide under the moon, and he said: "My comrades and my road-fellows, we must needs part this day. Long have we sailed the perilous seas, and we have climbed the steepest mountains and we have wrestled with the storms. We have known hunger, but we have also sat at wedding-feasts. Often times have we been naked, but we have also worn kingly raiment. We have indeed travelled far, but now we part. Together you shall go your way, and alone must I go mine.

"And though the seas and the vast lands shall separate us, still we shall be companions upon our journey to the Holy Mountain.

"But before we go our severed roads, I would give unto you the harvest and the gleaning of my heart:

"Go you upon your way with singing, but let each song be brief, for only the songs that die young upon your lips shall live in human hearts.

"Tell a lovely truth in little words, but never an ugly truth in any words. Tell the maiden whose hair shines in the sun that she is the daughter of the morning. But if you shall behold the sightless, say not to him that he is one with night.

"Listen to the flute-player as it were listening to April, but if you shall hear the critic and the fault-finder speak, be deaf as your own bones and as distant as your fancy.

Maestro dicendo: "Permettimi di andarmene in città a prendere del vino per poter di nuovo riempire i vostri calici, in quanto quello che avevo portato prima è ormai terminato".

Egli la guardò con occhi che erano insieme un viaggio ed una terra lontana e disse: "No, perché per il momento questo è sufficiente".

E mangiarono e bevvero e si saziarono. Ed alla fine Almustafà parlò con voce solenne, profonda come il mare e gonfia come la marea sotto la luna, e disse: "Miei amici e compagni di cammino, oggi è il momento della separazione. Per tanto tempo abbiamo percorso mari agitati ed abbiamo scalato le montagne più scoscese ed abbiamo combattuto le tempeste. Abbiamo conosciuto la fame ma abbiamo partecipato anche a banchetti nuziali. Spesso siamo rimasti nudi, ma abbiamo anche indossato vesti reali. Assieme abbiamo di certo fatto molta strada, ma ora dobbiamo separarci. Insieme procederete per la vostra strada e da solo procederò per la mia.

"E benché mari e terre immensi ci separeranno, saremo sempre compagni nel nostro viaggio verso la Montagna Sacra.

"Ma prima di separarci, vi voglio dare il raccolto e la spigolatura del mio cuore:

"Procedete sulla vostra via cantando, ma fate che ogni canto sia breve, poiché solo i canti che muoiono giovani sulle vostre labbra vivranno a lungo nei cuori umani.

"Dite una buona verità con poche parole, ma mai una brutta verità senza parole. Dite alla fanciulla i cui capelli splendono al sole che è figlia del mattino. Ma guardando chi non vede non ditegli che è una cosa sola con la notte.

"Ascoltate il suonatore di flauto come se ascoltaste l'aprile, ma se udrete parlare il critico e chi cerca l'errore, siate sordi come le vostre ossa e distaccati come la vostra fantasia.

"My comrades and my beloved, upon your way you shall meet men with hoofs; give them of your wings. And men with horns; give them wreaths of laurel. And men with claws; give them petals for fingers. And men with forked tongues; give them honey for words.

"Ay, you shall meet all these and more; you shall meet the lame selling crutches; and the blind, mirrors. And you shall meet the rich men begging at the gate of the Temple.

"To the lame give of your swiftness, to the blind of your vision; and see that you give of yourself to the rich beggars; they are the most needy of all, for surely no man would stretch a hand for alms unless he be poor indeed, though of great possessions.

"My comrades and my friends, I charge you by our love that you be countless paths which cross one another in the desert, where the lions and the rabbits walk, and also the wolves and the sheep.

"And remember this of me: I teach you not giving, but receiving; not denial, but fulfilment; and not yielding, but understanding, with the smile upon the lips.

"I teach you not silence, but rather a song not overloud.

"I teach you your larger self, which contains all men".

And he rose from the board and went out straightway into the Garden and walked under the shadow of the cypress-trees as the day waned. And they followed him, at a little distance, for their heart was heavy, and their tongue clave to the roof of their mouth.

Only Karima, after she had put by the fragments, came

"Miei amici, miei amati, sul vostro cammino troverete uomini con zoccoli al posto dei piedi; date loro le vostre ali. Ed uomini con le corna; date loro serti di alloro. E uomini con artigli; date loro petali affinché diventino le loro dita. Ed uomini con lingua biforcuta; date loro del miele perché addolcisca le loro parole.

"Ah, incontrerete tutti costoro ed altri ancora; incontrerete lo zoppo che vende grucce, il cieco che vende specchi. Ed incontrerete anche ricchi che all'ingresso del tempio chiedono l'elemosina.

"Allo zoppo date parte della vostra agilità, al cieco parte della vostra vista; e ricordate di dare ai ricchi che mendicano una parte di voi stessi; essi sono i più bisognosi di tutti, poiché certamente nessun uomo tenderebbe la mano ad elemosinare se non fosse veramente povero, anche se proprietario di molti beni.

"Miei compagni ed amici, in nome del nostro amore vi do il mandato di essere come innumerevoli sentieri che si incrociano nel deserto, ove camminano leoni e conigli, lupi e pecore.

"E di me ricordatevi solo questo: Vi insegno non a dare ma a ricevere; non la negazione ma la realizzazione; non l'arrendevolezza ma la comprensione, con il sorriso sulle labbra.

"Non vi insegno il silenzio, ma un canto sommesso.

"Vi insegno la vostra essenza più pura che contiene tutti gli uomini".

E si alzò da tavola ed uscì direttamente in Giardino, ove camminò all'ombra dei cipressi mentre il giorno svaniva. Ed essi lo seguirono d'appresso, poiché il loro cuore era greve e la loro lingua unita al palato.

Solo Karima dopo aver ritirato gli avanzi, andò da lui e

unto him and said: "Master, I would that you suffer me to prepare food against the morrow and your journey".

And he looked upon her with eyes that saw other worlds than this, and he said: "My sister, and my beloved, it is done, even from the beginning of time. The food and the drink is ready, for the morrow, even as for our yesterday and our today.

"I go, but if I go with a truth not yet voiced, that very truth will again seek me and gather me, though my elements be scattered throughout the silences of eternity, and again shall I come before you that I may speak with a voice born anew out of the heart of those boundless silences.

"And if there be aught of beauty that I have declared not unto you, then once again shall I be called, ay, even by mine own name, Almustafa, and I shall give you a sign, that you may know I have come back to speak all that is lacking, for God will not suffer Himself to be hidden from man, nor His word to lie covered in the abyss of the heart of man.

"I shall live beyond death, and I shall sing in your ears
Even after the vast sea-wave carries me back
To the vast sea-depth.
I shall sit at your board though without a body,
And I shall go with you to your fields, a spirit invisible.
I shall come to you at your fireside, a guest unseen.
Death changes nothing but the masks that cover our faces.
The woodsman shall be still a woodsman,
The ploughman, a ploughman,
And he who sang his song to the wind shall sing it also to the moving spheres".

gli disse: "Maestro, permettimi di preparare il cibo per domani e per il tuo viaggio".

Ed egli la guardò con occhi aperti su altri mondi e disse: "Sorella mia e mia amata, è già tutto fatto dall'inizio dei tempi. Il cibo e le bevande sono pronte per il domani come per il nostro ieri ed il nostro oggi.

"Me ne vado, ma se me ne vado con una verità non ancora rivelata, quella stessa verità mi cercherà e mi raccoglierà, nonostante i miei elementi siano dispersi nei silenzi dell'eternità; ed allora tornerò da voi per parlarvi con una voce fatta nuova dal cuore di quegli sconfinati silenzi.

"E se v'è un'altra bellezza che non vi ho comunicato, allora ancora una volta verrò chiamato, sì, con il mio stesso nome Almustafà, e vi farò un cenno affinché sappiate che sono ritornato a rivelarvi la parte mancante, poiché Dio non nasconderà mai Se stesso, né lascerà la Sua parola sepolta negli abissi del cuore umano.

"Vivrò oltre la morte, e canterò alle vostre orecchie
Anche dopo che l'immensa onda del mare mi avrà restituito
Alla sua immensa profondità.
Siederò alla vostra mensa anche se non avrò corpo,
E verrò con voi nei campi come uno spirito invisibile.
Verrò al vostro focolare come un ospite invisibile.
La morte non muta nulla se non le maschere che coprono i nostri volti.
Il boscaiolo rimarrà sempre un boscaiolo,
Il contadino un contadino,
E chi cantava il suo canto al vento lo canterà anche alle mobili sfere".

And the disciples were as still as stones, and grieved in their heart for that he had said: "I go". But no man put out his hand to stay the Master, nor did any follow after his footsteps.

And Almustafa went out from the Garden of his mother, and his feet were swift and they were soundless; and in a moment, like a blown leaf in a strong wind, he was far gone from them, and they saw, as it were, a pale light moving up to the heights.

And the nine walked their ways down the road. But the woman still stood in the gathering night, and she beheld how the light and the twilight were become one; and she comforted her desolation and her aloneness with his words: "I go, but if I go with a truth not yet voiced, that very truth will seek me and gather me, and again shall I come".

Ed i discepoli erano impietriti, e soffrivano nei loro cuori per ciò che aveva detto: "Me ne vado". Ma nessuno allungò la mano per fermare il Maestro, né nessuno lo seguì.

Ed Almustafà lasciò il Giardino di sua madre a passi veloci e silenziosi; ed in un istante, come una foglia sollevata da un forte vento, lo videro molto lontano da loro e diventare una pallida luce che saliva fra le montagne.

Ed i nove andarono ognuno per la propria strada. Ma la donna rimase nella notte calante e guardò come la luce ed il crepuscolo erano diventati una cosa sola e placò la sua afflizione e la sua solitudine con le parole del Maestro: "Me ne vado, ma se me ne vado con una verità ancora non rivelata, quella stessa verità mi cercherà e mi raccoglierà ed allora tornerò".

And now it was eventide.

And he had reached the hills. His steps had led him to the mist, and he stood among the rocks and the white cypress-trees hidden from all things, and he spoke and said:

"O Mist, my sister, white breath not yet held in a mould,
I return to you, a breath white and voiceless,
A word not yet uttered.

"O Mist, my wingèd sister Mist, we are together now,
And together we shall be till life's second day,
Whose dawn shall lay you, dewdrops in a garden,
And me a babe upon the breast of a woman,
And we shall remember.

"O Mist, my sister, I come back, a heart listening in its
depths,
Even as your heart,
A desire throbbing and aimless even as your desire,
A thought not yet gathered, even as your thought.

Era ormai sera.

Ed egli aveva raggiunto le colline. I suoi passi l'avevano condotto fra la bruma, e se ne stette ritto fra le rocce ed i bianchi cipressi, nascosto a tutte le cose, e parlo così:

"O Bruma, mia sorella, bianco soffio non ancora rinchiuso in uno stampo,
Ritorno a te, come un soffio bianco e senza voce,
Come una parola non ancora pronunciata.

"O Bruma, mia sorella alata, ora siamo uniti,
Ed insieme resteremo sino al secondo giorno della vita,
La cui alba poserà te come una goccia di rugiada, in un giardino,
E me come un bimbo sul seno di una donna,
E uniti ricorderemo.

"O Bruma, mia sorella, sono tornato, come un cuore che ascolta il suo profondo,
Come il tuo cuore,
Un desiderio palpitante e vano come il tuo desiderio,
Un pensiero non ancora raccolto come il tuo pensiero.

"O Mist, my sister, first-born of my mother,
My hands still hold the green seeds you bade me scatter,
And my lips are sealed upon the song you bade me sing;
And I bring you no fruit, and I bring you no echoes
For my hands were blind, and my lips unyielding.

"O Mist, my sister, much did I love the world, and
the world loved me,
For all my smiles were upon her lips, and all her tears
were in my eyes.
Yet there was between us a gulf of silence which she
would not abridge
And I could not overstep.

"O Mist, my sister, my deathless sister Mist,
I sang the ancient songs unto my little children,
And they listened, and there was wondering upon their
face;
But tomorrow perchance they will forget the song,
And I know not to whom the wind will carry the song.
And though it was not mine own, yet it came to my heart
And dwelt for a moment upon my lips.

"O Mist, my sister, though all this came to pass,
I am at peace.
It was enough to sing to those already born.
And though the singing is indeed not mine,
Yet it is of my heart's deepest desire.

"O Mist, my sister, my sister Mist,
I am one with you now.

"O Bruma, mia sorella, figlia primogenita di mia madre,
Le mie mani conservano ancora i verdi semi che mi ordinasti di spargere,
E le mie labbra sono ancora sigillate sul canto che mi ordinasti di cantare;
Ed io non ti porto frutti, e non ti porto echi
Poiché le mie mani erano cieche e le mie labbra sterili.

"O Bruma, mia sorella, molto ho amato il mondo e molto il mondo ha amato me,
Poiché tutti i miei sorrisi erano sulle sue labbra e tutte le lacrime erano nei miei occhi.
Ma v'era tra di noi un abisso di silenzio che lui non voleva varcare
Ed io non potevo oltrepassare.

"O Bruma, mia sorella, mia immortale sorella bruma,
Cantai i canti antichi ai miei bambini,
Ed essi ascoltarono e nei loro volti v'era stupore;
Ma domani forse dimenticheranno il canto
E non so a chi il vento consegnerà il canto.
E sebbene non fosse mio, tuttavia giunse al mio cuore
E dimorò per un istante sulle mie labbra.

"O Bruma, mia sorella, benché tutto ciò sia trascorso ormai,
Sono sereno.
È stato sufficiente cantare a coloro che eran già nati.
E benché il canto non sia per niente mio,
Tuttavia è il desiderio più profondo del mio cuore.

"O Bruma, mia sorella, mia sorella bruma,
Ora sono un tutt'uno con te.

No longer am I a self.
The walls have fallen,
And the chains have broken;
I rise to you, a Mist,
And together we shall float upon the sea until life's
    second day,
When dawn shall lay you, dewdrops in a garden,
And me a babe upon the breast of a woman".

Non sono più me stesso.
Le mura sono crollate,
E le catene si sono spezzate;
Mi levo a te, mia bruma,
Ed insieme galleggeremo sul mare sino al secondo giorno della vita,
Quando l'alba poserà te come una goccia di rugiada in un giardino,
E me come un bimbo sul seno di una donna".

INDICE

NOTE

# NOTE

NOTE

NOTE

NOTE

NOTE

# NOTE

NOTE

NOTE

NOTE

NOTE

I GRANDI Tascabili Bompiani
Periodico quindicinale anno X numero 119
Registr. Tribunale di Milano n. 269 del 10/7/1981
Direttore responsabile: Giovanni Giovannini
Finito di stampare nel febbraio 1996 presso
il Nuovo Istituto Italiano d'Arti Grafiche - Bergamo
Printed in Italy

ISBN 88-452-1526-1